Concert sans poète

CET OUVRAGE
A BÉNÉFICIÉ DE L'AIDE À LA TRADUCTION
DU CENTRE NATIONAL DU LIVRE
ET DU PROGRAMME DE PROMOTION
DE LA TRADUCTION DU GOETHE INSTITUT.

TITRE ORIGINAL :
KONZERT OHNE DICHTER

CET OUVRAGE A ÉTÉ ÉDITÉ
PAR STEFANIE ZELLER

ISBN 978-2-88944-009-2

Klaus Modick

Concert sans poète

Roman

Traduit de l'allemand
par Juliette Aubert

Slatkine & Cie

« Tant de choses n'ont pas été peintes, peut-être aucune. »

Rainer Maria Rilke, *Worpswede*,
traduction de Juliette Aubert,
comme l'ensemble des sources citées par l'auteur.

I

Worpswede

7 juin 1905

Chuchotements. Bribes de rêves. Claquements d'ailes. Qui parle ? Des oiseaux migrateurs gris tournent autour d'une tour sombre, répandant d'une voix stridente appels rauques et chants en langues sibyllines. Ils tracent des motifs organiques irréguliers au-dessus des marais, de la lande et de la surface miroitante de la rivière et des canaux. À moins que ce murmure ne s'écoule de l'aube, marée irrésistible qui, ne sachant si c'est son heure, s'infiltre lentement dans la pièce ?

Il se lève, enfile sa robe de chambre bleu nuit, synthèse entre le kimono japonais et l'habit médiéval. Il en a conçu lui-même la broderie, un couple de rossignols se becquetant dans un buisson d'épines, comme il a conçu tout ce qui l'entoure ici, depuis le grand lit en bouleau poli jusqu'à la commode peinte en blanc mat, en passant par les lampes, les chandeliers et les tentures. Il n'existe dans cette maison, de l'arête du toit jusqu'au cellier, aucun endroit, voire aucun objet qui n'ait été travaillé ou façonné par lui, et les rares éléments qu'il n'a pas créés sont disposés et arrangés de telle sorte qu'ils se plient à ses attentes et ses idées, ses visions et ses envies.

Il ouvre la porte à deux battants qui donne sur le balcon et laisse errer son regard sur le sol encore sombre du parterre de fleurs et, au-delà, sur le bosquet de bouleaux qui a donné son nom à la maison : le Barkenhoff, la ferme des bouleaux. C'est lui aussi qui a agencé les arbres voilà des années, un petit tronc après l'autre, afin qu'on aperçoive depuis la grand-rue la maison à travers le quadrillage d'une hachure délicate, comme si la nature esquissait son propre tableau. Mais, dans la pénombre, le vert vif des feuilles est encore recouvert par le mildiou gris de la nuit et les troncs clairs se rejoignent pour former une clôture noire. Exclut-elle le monde ? Ou l'enferme-t-elle, lui, dans son œuvre et sur ses terres avec femme et enfants et chevaux et chien et une kyrielle d'hôtes qui vont et viennent ?

Dans son jardin et ses champs, il est proche de chaque arbre et de chaque bosquet, il leur rend visite tous les jours, favorise leur croissance, les fertilise, leur apporte de la tenue, les émonde et leur donne l'orientation qu'il juge conforme à leur organisme. Le tout est si luxuriant, si bien ordonné, les fruits mûrissent et se ressèment, les arbres grandissent et affirment leur volonté, sur laquelle on n'a plus prise. Ainsi, son jardin est une œuvre d'art qui a pris vie et grandi dans la réalité. Les années passent et on finit par sortir d'un sommeil enchanté, d'une léthargie consentie, on commence à comprendre qu'on n'a pas créé un îlot d'harmonie et de beauté, mais une prison cernée de haies et de barrières, de murs et de clôtures en bouleau.

Il entend à nouveau le murmure. Telles des messes basses de femmes. Il sait désormais qu'il s'agit d'alouettes, dont les voix venant des bouleaux flottent, comme dissoutes, dans l'air imprégné de rosée. Que disent ces voix? Que ce n'est pas encore le jour, mais déjà plus la nuit? Les poètes, eux, doivent le savoir, et ils ont les mots pour le dire. Mais les voix ne se dessinent pas, aussi peu que le vent nocturne qui effleure le jardin et fait le tour de la maison à tâtons, aussi peu que la musique ne se dessine.

Cela explique, entre autres, pourquoi le grand tableau sur lequel il s'est échiné pendant des années est raté à ce point. Le tableau montre des musiciens à l'œuvre, mais il n'a aucune résonance. Demeure muet. Et ceux qui tendent l'oreille n'entendent rien. Sont sourds. *Concert* n'est donc pas un bon titre. Dans l'hommage qui accompagne l'exposition inaugurée demain, un soi-disant spécialiste célèbre le tableau : un hymne vibrant à la quiétude vespérale, hautement réaliste et dénué de tout artifice, débordant de musicalité, de douces sonorités lyriques, une cérémonie, la joie de vivre pudique et réservée, la délectation naïve, intemporelle. L'expert en question ne décrit pas ce qu'il voit, mais ce qu'il veut voir ; et sa description, qui verse dans l'emphase euphorique et l'exaltation lyrique, fait penser à une piètre parodie du poète absent sur le tableau. Le poète aurait dû être assis entre Paula et Clara, comme le jour où il est apparu au Barkenhoff, un génie énigmatique et précoce dont les paroles et les regards faisaient fondre les femmes. Mais la place où il aurait dû s'asseoir est vide et, en ce sens, *Concert sans poète* serait peut-être un meilleur titre.

Paula n'a jamais nommé ce tableau que *La famille*, or la famille se décompose, est déjà décomposée. Voilà belle lurette qu'elle n'est plus soudée par les douces paroles du poète, devenues idéologies creuses, prêches de charlatan. *La famille en lambeaux* ne serait cependant pas un bon titre. Les étoiles se mettent à pâlir et, dans le bleu fuyant de la nuit, s'immisce à l'est la lueur verdâtre d'une matinée d'été. *Soir d'été* serait-il un meilleur titre ?

Comme si le titre importait ! Il hausse les épaules, bâille, tord la bouche en un sourire las, retourne dans la chambre. Il effleure de son ongle les cordes de la guitare suspendue au mur. Elle est désaccordée. Depuis quand n'en a-t-il plus joué ? Désaccordée comme tant de choses dans cette maison, à l'image de son existence.

Impossible de se rendormir maintenant. Il va faire une promenade, descendre à la rivière et s'immerger dans l'aube qui franchit le seuil sous forme de reflet rose, virera bientôt et presque avec fracas au rouge flamboyant, avant de s'élever en une symphonie irradiante de couleurs. Il enfile une chemise de lin grossière à rayures bleues et blanches, ainsi qu'un pantalon bleu en toile de coton, vulgaire tenue de travail dans laquelle il se sent bien.

L'accoutrement de la bohème Biedermeier dont il s'affuble en société, avec col officier et foulard, gilet et redingote, guêtres arrivant aux genoux, haut-de-forme et canne, lui semble désormais étrange, ridicule et embarrassant mais, la société voulant le voir ainsi, il lui rejouera ce rôle dès demain. Worpswede, le conte de fées et son prince charmant. Il se vend comme doit le faire le prince charmant qui dote sa demeure marécageuse de roses et de bouleaux et qui, à côté des fermes à colombages lourdes et sombres, se construit une maison aux façades blanches et aux fenêtres lumineuses. Il a créé une œuvre d'art totale, de style unique, et il a placé sa propre personne au centre. Jusqu'ici, il a toujours fourni ce qu'on attendait de lui, fiabilité, ponctualité, bon goût, raffinement, et il a rajouté son personnage à la vente dans la foulée. Aujourd'hui, il va se rendre à Brême et il enchaînera demain sur l'exposition d'art d'Allemagne du Nord-Ouest. À cette fin, il revêtira son déguisement, son costume d'artiste, après quoi la grande-duchesse ou le grand-duc, dont la tenue de gala n'est autre qu'un déguisement, lui remettra la grande médaille d'or de l'art et des sciences. Pour le soir d'été, le concert sans poète, la famille en lambeaux.

Il avance pieds nus dans le couloir, ouvre sans bruit la porte de la chambre bleue et jette un œil dans la pièce où dorment ses filles. Chaque soir ou presque, quand elles sont au lit, il leur fait la lecture. La chambre d'enfants, plongée dans la teinte bleue apaisante des murs sous la pente du toit, fait penser à une tente bédouine, où les journées se terminent par une histoire et les nuits commencent par une histoire, drôle ou triste, courte ou longue. Il règne durant ces heures situées entre soleil et songe un enchantement clair, transformant les lettres en paroles et créant une passerelle invisible entre la bouche qui raconte et les oreilles qui écoutent, tandis que le matou, roulé en boule aux pieds d'une des demoiselles, ronronne en signe d'approbation. Une fois ses filles endormies, il lui arrive de poursuivre un peu sa lecture – peut-être pour suggérer quelques mots à leurs rêves, ou parce qu'il ne veut pas s'interrompre lorsque s'élève ce que la lecture routinière et silencieuse de l'adulte ne connaît plus : la résonance. Il a appris cela auprès de Rilke, dont les poèmes, sous sa diction, deviennent incantations ou prières. Sauf que Rilke ne comprend rien aux enfants et ne veut pas en entendre parler – fût-ce de sa propre fille.

Vogeler continue jusqu'à la chambre de sa femme. Les rideaux sont tirés. Il perçoit sa respiration régulière dans la pénombre. Il craque une allumette. À la faible lueur, la teinte verdâtre des tentures en soie du lit à baldaquin voile son visage et lui donne l'air malade. Ce n'est plus la jeune fille dont il s'est épris sur-le-champ, ni la jeune femme délicate et discrète du conte de fées, celle qu'il n'a cessé de peindre et qui devait régner sur le Royaume du Beau, tout en étant son plus précieux joyau. C'est ainsi qu'il a voulu la modeler, faire d'elle sa créature. C'est ainsi qu'il l'a représentée sur son tableau, la maîtresse éthérée du Barkenhoff, contemplant rêveusement des lointains indéfinis. L'image est trompeuse. C'est un mensonge existentiel monumental, un mètre soixante-quinze de haut sur trois mètres dix de large. La vérité repose devant lui dans le vacillement de la flamme. Martha s'est élargie à la suite des deux naissances, elle a gagné en embonpoint paysan, et voilà que la troisième grossesse s'abat sur elle, ombre oppressante d'un vert malsain. Elle ressemblera bientôt à sa mère, enfantant à la chaîne dans des chambres étouffantes.

Il tressaille lorsque l'allumette en train de s'éteindre lui brûle le pouce et l'index. Le caractère lunatique et mystérieusement arbitraire de l'existence. Il a chaque jour davantage de mal à comprendre pourquoi il vit à cette époque, et non à une époque antérieure ou ultérieure. Pourquoi il est d'ailleurs venu au monde. Il a reçu une vie qu'il n'a pas demandée et qui lui sera retirée sans qu'on le consulte. Son envie de vivre n'est-elle pas particulièrement vive quand il a l'impression, comme en ce moment, de ne plus savoir où il va ? Désire-t-il encore quoi que ce soit ? N'a-t-il pas déjà tout en surabondance ? Il écoute le rythme de son cœur qui s'accélère. La vie est plus forte que n'importe quelle forme d'art, le chiendent du quotidien envahit la moindre création. Maintenant qu'il a presque fini, sa maison se remplit de satiété et de convention, d'inertie et de routine. Maintenant qu'il est au faîte de sa réussite bien trop précoce, son art lui semble plat, banal, et des fissures se forment dans son existence bien trop belle, telles des craquelures sur une peinture à l'huile.

Une fois dans le vestibule, il enfile ses galoches. À côté du bahut, où reposent des brocs en étain et des candélabres en argent, ainsi que de la faïence bleue et ornée de fleurs jaunes, une nature morte est accrochée au mur ocre. Peinte par Paula. Tonalités blanches et gris argenté d'une nappe, d'un verre d'eau et d'une bouteille. Le noir profond d'une poêle contenant des œufs miroir. Le jaune chaud de ces œufs. En-dessous, le jaune froid d'un citron coupé en deux. Simple. Sincère. Clair. On croit sentir l'arôme des œufs et goûter la fraîcheur du citron. Paula est capable de peindre les odeurs. Peut-être saurait-elle même peindre la musique, un concert qu'on ne se contente pas de voir, mais qu'on croit entendre. Ce qui donne sa force à un tableau, ce n'est pas ce qu'on peint, mais ce qui entoure les coups de pinceau et les formes, les enchâsse tel un cocon invisible, une absence qui dénote une présence particulière – comme celle du poète sur le tableau. Le fait est que Paula crée ce qu'il y a de plus audacieux et de meilleur parmi tout ce qui a été peint à Worpswede. Or l'exposition ne présente aucune de ses toiles...

Il franchit le perron aux limons s'élançant vers l'extérieur, il passe entre les urnes posées sur la balustrade, descend d'un pas lent vers la rivière et se retourne pour contempler la symétrie parfaitement étudiée de la maison. Les urnes situées de chaque côté du pignon correspondent aux urnes Empire du perron, elles se détachent, blêmes comme la mort, de l'aube grise et, au-dessus du toit, la nuit évanescente fait descendre une dernière étoile. Les fenêtres le fixent, sinistres orbites et, dans le jardin encore endormi, la demeure est froide et distante, comme si sa vibrante harmonie avait gelé ou péri. Ces marches qui promettent d'habitude un accueil chaleureux et expriment l'espérance, ou sont censées le faire, se dressent désormais avec hostilité. Que pouvaient-elles espérer, d'ailleurs ? Un miracle ?

Il est parcouru d'un frisson et remonte les épaules. Tel un ver dans la pomme d'un de ces arbres dont il prend grand soin, les doutes ont commencé à le ronger. Il pressent l'insuffisance de ses efforts visant à mettre en scène un monde préservé et à simuler l'harmonie devant le décor du Barkenhoff. La fissure passe au beau milieu du monde qu'il a créé. Il s'est construit une maison dont le côté orienté vers le jardin et doté d'un somptueux perron n'est qu'une façade et donne une impression d'imposture. Mais la partie ancienne et utilitaire de la maison témoigne encore de son goût pour les choses simples, l'honnêteté artisanale, cette clarté et cette sincérité qui caractérisent aussi les tableaux de Paula.

Après avoir traversé des tourbières, puis longé fossés et chaussées bordés de bouleaux, de chênes et de genêts, il atteint le ponton où est amarrée sa barque. Il s'assoit sur le banc de nage, les coudes sur les genoux et la tête entre les mains. La rivière sombre et marécageuse se presse contre la proue avec un léger glougloutement. On entend le frémissement des oiseaux aquatiques dans les herbes et les roseaux. Aux lointains verts du jour naissant se mêle un reflet doré qui s'étale en éventail au-dessus des terres. Les prairies s'éveillent. Des vanneaux noirs et blancs s'envolent dans un lourd claquement d'ailes mais, une fois dans leur élément, ils sillonnent le ciel, affranchis de leur fardeau. On entend le bruit d'une faux qu'on martèle.

Il saisit les rames, manœuvre la barque entre les hautes tiges de jonc fleuri et les nénuphars, entre les touffes de roseaux, il avance sans but, ni objectif jusqu'à la cabane à moitié en ruine, au toit de chaume éventré et envahi par le lichen. Les poètes et les peintres ont toujours aimé venir ici, surtout les peintres avec leurs modèles. Ils s'installaient sur la rive herbeuse, tendaient des cordes entre les troncs des bouleaux, y suspendaient des lanternes multicolores en papier, et on voyait alors les tenues claires et parfois la blancheur de la nudité scintiller dans les nuits bleues.

Ici, les roseaux sont si hauts que le rameur est invisible depuis la rive et que, depuis la barque, on distingue seulement la toiture trouée de la cabane. Il sort sa pipe de sa poche, la bourre avec précaution en prenant tout son temps et, alors qu'il s'apprête à craquer une allumette pour allumer le tabac, il entend soudain une voix. Un murmure léger, indistinct. Un chant monotone. Des balbutiements rhapsodiques. Une voix qui évoque l'encens, la voix d'un homme qui prie...

⁂

«... v'là-t'y pas qu'il prie d'nouveau.»

Lina, la gouvernante vieille comme le monde, éprouvait sans doute une appréhension frôlant l'effroi devant cet hôte si singulier qui, revenant d'un voyage en Russie, avait débarqué au Barkenhoff vers la fin de ce fameux été enchanté. Il logeait dans la chambre à pignon qui donnait sur la cour de la ferme. Lorsqu'il flânait dans le jardin, vêtu d'une roubachka verte à ceinture et chaussé de bottes tartares en cuir rouge à incrustations bariolées, tenant un carnet comme le pasteur son livre de prières, murmurant tout en modulant le volume de sa voix et s'arrêtant parfois pour griffonner dans son carnet, Lina était prise d'angoisse à l'idée que les murmures en question fussent, non pas des prières, mais des tours de passe-passe, autrement dit: incantation, maléfice ou malédiction.

Ou peut-être craignait-elle simplement que ce drôle de paroissien ne se rende au village dans son accoutrement exotique, son apparition inquiétante risquant d'entraîner des commérages et de jeter le discrédit sur le Barkenhoff. Depuis que les artistes avaient découvert Worpswede, s'y étaient établis et recevaient leurs amis venus de grandes villes ou de contrées lointaines, on avait déjà aperçu toutes sortes de déguisements carnavalesques et de tenues pittoresques, mais le pompon revenait à Rilke.

Toujours est-il que Lina était outrée. « Ce type laisse sa ch'mise pend' du froc. »

Et quand, laissant précisément sa chemise dépasser du pantalon, il arpentait sa chambre à l'étage, ses bottes russes rouges martelant le sol d'un rythme indolent et irrégulier, sa voix enflant parfois à en traverser le plancher jusqu'au rez-de-chaussée, Lina se figeait, tendait l'oreille d'un air effaré et désignait le plafond de sa main flétrie et usée par le labeur.

« — C'est à not' Sauveur qu'il cause, chuchotait-elle. Il arrête pas d'prier.

Vogeler souriait et lui tapotait l'épaule pour la rassurer.

— Il ne prie pas, Lina. Il compose des vers. Monsieur Rilke compose, voilà tout. »

⁂

À l'époque, cinq ans plus tôt, lorsque « la famille » du Barkenhoff était au complet grâce à Rilke, Vogeler ignorait encore que le poète en question ne se contentait pas simplement de composer. Il sait maintenant que Rilke se consacre à son talent, à ses aptitudes avec un sérieux si implacable que son travail s'apparente à un chemin de croix, à une forme d'auto-esclavage. Il perçoit et présente son activité, son œuvre, uniquement comme une grâce sanctifiante, salvatrice et euphorisante, ne voyant pas dans les phases improductives l'occasion de se reposer ou de relâcher ses cordes toujours un peu trop tendues. La nécessité du passage à vide ponctuel qui incite à créer, l'idée que l'ennui est indispensable à l'esprit pour se recueillir et redevenir productif échappent totalement à Rilke. Le fait que l'art puisse naître du jeu et des aléas de l'improvisation, livrée ou attentive à l'instant vivant, tout cela, le poète l'ignore ou ne veut pas le savoir.

Il méprise le désœuvré. Et il craint le désœuvrement parce qu'au fond, c'est un désœuvré lui aussi qui, même inactif, s'efforce de laisser croire qu'il est plongé dans du travail sérieux. Son déguisement de poète va bien au-delà de sa tunique russe, désormais mise au rancart, et bien au-delà des mascarades Biedermeier de Vogeler. Rilke se donne des airs de poète même lorsqu'il est en manque total d'inspiration, il joue un rôle qui s'est enchevêtré inextricablement à sa personne.

Fritz Mackensen, dont l'humour cynique tend à la grossièreté après un excès d'alcool, a dit un jour que, même aux chiottes, Rilke doit pondre des rimes et en noircir le papier qui s'y trouve. Quant à savoir si ce qu'il déclame en ce moment, par cette matinée radieuse, est une façon de se donner du courage, forcer l'inspiration ou simuler le travail, un babillage lui permettant de chasser sa peur panique du vide, ou si un de ses poèmes d'une beauté langoureuse et oscillant entre kitsch et profondeur est en train de dégouliner de sa bouche – comment Vogeler pourrait-il en juger ? Les sons émis par Rilke lorsqu'il compose sont une langue que nul ne comprend. Rilke la comprend-il lui-même ?

⁂

Un jour, ils se trouvèrent ensemble au musée devant un tableau d'Arnold Böcklin. Un faune est allongé dans l'herbe, jambes croisées et bras écartés, il siffle, lèvres arrondies, en direction d'un merle posé sur une branche qui se balance au-dessus de sa tête. Quant à la flûte et au papier à musique – il pourrait aussi s'agir des feuilles d'un manuscrit et d'un stylo à plume –, ils reposent sur l'herbe à côté du faune.

« — Délicieux tableau, dit Vogeler d'un ton admiratif, un brin jaloux du thème, ainsi que de la maîtrise technique de Böcklin et de l'intensité picturale de l'œuvre.

Rilke caressa sa moustache fournie, fronça les sourcils et plissa les yeux, presque écœuré.

— C'est bien fait, sans aucun doute, finit-il par dire avec sévérité, mais c'est factice.

Vogeler s'étonna, Rilke étant un admirateur déclaré et sans réserve de Böcklin.

— Comment cela, mon cher ? Factice ?

— Le faune a peut-être le sens de l'art, mais ce n'est pas un artiste. C'est un tire-au-flanc. Il ne travaille pas. » Tout en disant cela, Rilke brandit son carnet hors de la poche de son veston et prit des notes, ses lèvres formant des mots en silence.

Vogeler eut l'impression que Rilke voulait lui faire la leçon, lui balancer quelque chose à la figure et il aurait aimé le contredire, mais il ne trouva pas de répartie. Lorsqu'ils sortirent du musée et se retrouvèrent dans le parc inondé de soleil, il eut soudain la réponse. La bouche en cul-de-poule, il siffota une mélodie célèbre. « Si j'étais un p'tit oiseau... »

Loin de sourire, Rilke lui adressa un de ses regards réprobateurs, austères et tristes. À quand remontait le dernier sourire de Rilke ? Avait-il jamais ri de toute sa vie ? Ou au moins sifflé ?

⁂

Si Rilke l'aperçoit en ce moment, assis sur le banc de nage, tenant sa pipe bourrée à la place d'un carnet de croquis, s'adonnant en toute paresse et décontraction à l'atmosphère matinale au bord de la rivière, à l'écoulement tranquille des flots, sans chercher à fixer ni façonner cette atmosphère, Rilke va sans doute le mépriser encore davantage qu'il ne le fait déjà. Il ne le lui dit pas en face, bien sûr, mais derrière son dos fleurissent, d'une bouche à l'autre et d'une lettre à l'autre, ragots et potins, comme c'est souvent le cas dans une famille – a fortiori une famille divisée et en pleine déliquescence.

L'art de Vogeler, avait dit Rilke à sa femme, qui l'avait raconté à Paula, qui l'avait chuchoté à l'oreille de Martha, qui l'avait à son tour confié à son mari sur un ton frisant la réprobation, l'art de Vogeler, donc, n'était désormais que futilité décorative et superficielle, de plus en plus hésitante, de moins en moins inspirée, reposant uniquement sur le hasard d'inventions ludiques, éloignées de la réalité des choses ; quant au sérieux et à la profondeur, autrement dit l'essentiel, il n'en avait jamais eu.

Le tout comporte peut-être, Vogeler en convient, une once de vérité. Il est vaniteux et il le sait. Dans son insatisfaction croissante face à son propre travail, il doute déjà bien assez de lui-même. Mais Vogeler est accablé de voir Rilke verser son poison dans la fontaine de la « famille ». Quand il songe à tout ce qu'il a fait pour Rilke et Clara au fil des ans...

Le monologue rhapsodique de Rilke cesse aussitôt, comme si ce dernier pouvait lire dans les pensées de Vogeler. Il se lève du banc avec prudence pour ne pas perdre l'équilibre. Sa tête dépasse des touffes de roseaux, fléoles et sagnes, il laisse errer son regard jusqu'à la cabane aux vitres opaques de poussière, cet endroit à l'abandon, envahi par les hautes herbes. Rilke lui tourne le dos, il se tient face au tronc d'un bouleau, les jambes légèrement écartées. Vogeler comprend que le poète est en train d'uriner et, effrayé par son indiscrétion involontaire, il se tapit derrière le rideau de roseaux, attendant de voir si le balbutiement poétique reprend.

Le silence est interrompu par le vrombissement d'un vanneau qui prend son envol au-dessus de la rivière dans un lamento strident de kchêêê kchêêê. Du côté de Rilke, on n'entend plus rien ; il a dû poursuivre son chemin. Mais, quand Vogeler se redresse, il voit que Rilke est toujours là et regarde en direction du cours d'eau, comme s'il attendait Vogeler depuis longtemps. Lorsque leurs regards se croisent, Rilke ne semble même pas surpris de n'apercevoir que son torse et sa tête dépassant des roseaux comme s'ils poussaient dans l'eau.

« — Quelle matinée splendide. Bien le bonjour, monsieur Rilke. Le comique inattendu de leur rencontre fait sourire Vogeler.

— Ah, mon cher Vogeler, réplique néanmoins Rilke avec solennité. Cela fait combien de temps que nous ne nous sommes pas vus ? » Il s'empresse alors de fouiller dans la poche de son veston pour en sortir son carnet, avant que Vogeler n'ait l'idée saugrenue que Rilke puisse éventuellement être inactif.

Avec ses yeux vert pâle légèrement exorbités, son épaisse chevelure blond foncé surplombant un front haut, ses pointes de moustache tombant mélancoliquement sur la commissure des lèvres et son bouc à la mode russe, Rilke est tout sauf ce qu'on pourrait appeler un bel homme. Mais il dégage cet étrange mélange de suffisance et de fragilité, d'assurance arrogante et de timidité juvénile, cette rigueur, et ce charme indéfinissable qui fait fondre et ravit les femmes. Il porte un costume de lin clair froissé et une chemise blanche sans col. Ses jambes de pantalon sont retroussées jusqu'aux genoux et il n'a pas de chaussures. Marcher pieds nus est une de ses drôles de manies – c'est la Rainer Mania, a dit un jour Mackensen en plaisantant.

« — Je ne peux pas accoster, dit Vogeler en guise d'excuse. Il n'y a pas de ponton et la végétation est trop dense. »

Rilke lève la tête, comme pour suivre l'écho des paroles de Vogeler, il murmure à mi-voix « nul ponton nulle part et le roseau soucieux s'incline », griffonne les mots dans son carnet. Puis il s'approche de la rive, si bien que les deux hommes ne sont plus qu'à quelques pas l'un de l'autre. Un crapaud effarouché par Rilke bondit de l'herbe et saute dans l'eau. Éclaboussures.

Debout dans sa barque, Vogeler lutte pour garder l'équilibre.

« — Je vous croyais encore à Berlin, dit-il. Ne vouliez-vous pas...

— Berlin ? Le ton est interrogatif et Rilke esquisse un geste dédaigneux. De telles villes, sachez-le, sont pesantes parce qu'elles manquent de profondeur. Les grandes villes mentent. Je veux dire que je ne me sentais pas encore prêt à affronter Berlin après les efforts liés à la cure de Dresde. Ah, cher Vogeler, vous n'imaginez pas ce que coûte une cure pareille, et pas seulement sur le plan matériel. Si vous saviez à quel point ces cures m'accablent. »

Vogeler acquiesce prudemment pour ne pas perdre l'équilibre. Les efforts liés à la cure ? Depuis quand le repos est-il un fardeau pour Rilke ? Il aime se répandre en litanies, se plaint d'épuisement, de déshydratation, de maux de dents, de douleurs articulaires, oculaires, de pharyngite avec sensation de fièvre et, plus généralement, de crises douloureuses qu'il affronte à grand renfort de promenades pieds nus, mais aussi de cures du docteur Bircher-Benner, de bains d'air et d'aiguilles de pin, d'hydrothérapie ou, pour fortifier les nerfs, de *phytinum liquidum* et autres médicaments aux noms exotiques dont Vogeler n'a jamais entendu parler. À moins qu'il ne s'agisse de formules incantatoires ? Mais peu importent les douleurs articulaires ou la fatigue nerveuse – en compagnie de flâneurs indisposés en toute élégance, d'hypocondriaques anémiques et sujettes aux accès lyriques, Rilke s'épanouit à coup sûr. Les efforts liés à la cure ? Il est vrai que seul ce qu'il peut définir comme du « travail » est sacré pour lui. Incapable d'affronter Berlin ? Incapable d'affronter Lou, voilà sans doute ce qu'il veut dire. Une fois de plus, il n'a pas dû pouvoir approcher cette femme autant qu'il l'aurait souhaité.

« — Parlez-moi plutôt de vous, dit Rilke. Je me suis laissé dire que vous étiez à Paris.

— Nous avons rendu visite à Paula, dit Vogeler. Elle s'améliore sans cesse, Paris lui fait du bien. J'ai vu aussi des tableaux grandioses de Gauguin, Seurat, van Gogh, Matisse. Et je me demande si, dans mon propre travail, je ne devrais pas envisager une tout autre...

— Et Rodin ? l'interrompt Rilke avec insistance. Avez-vous rendu visite à Rodin ? L'avez-vous vu ? »

Rodin, Rodin, Rodin. Vogeler ne supporte plus ce nom. C'est le refrain avec lequel Rilke casse les oreilles à tout le monde depuis des années. Rodin est le Dieu de Rilke, que chacun doit adorer, auquel il doit sacrifier et à côté duquel Rilke ne tolère aucun faux dieu, ni Gauguin, ni van Gogh, sans parler de Paula Modersohn-Becker ni même, cela va de soi, d'un banal décorateur tel que Vogeler.

« — Non, dit-il, nous n'avons pas rendu visite à Rodin. Nous n'en avons pas eu le temps, hélas.

— Pas le temps pour Rodin ? Rilke secoue la tête d'un air déconcerté et réprobateur.

— Si vous ou Clara aviez été à Paris, nous serions certainement allés vous présenter nos hommages, dit Vogeler sur un ton conciliant. Mais vous êtes de nouveau ici tous les deux. Comment nous portons-nous, au fait ?

— Ah, mon Dieu, Vogeler. Rilke pousse un profond soupir. Quelle question me posez-vous là ? Vous savez bien où nous en sommes. Vous voyez comme toutes nos tentatives ont échoué. Vous l'avez vécu à nos côtés, quasiment avec nous, je n'ai donc pas besoin de vous raconter quoi que ce soit, cher ami. Vous savez déjà tout. Clara et moi vous sommes bien sûr infiniment reconnaissants du petit atelier que vous mettez à notre disposition. Même si ce n'est que temporaire, nous n'aurions pas su où aller autrement. Il faut dire que personne ne peut compter sur moi. Mon enfant, la petite Ruth, a dû être recueillie par des étrangers... »

Des étrangers ? pense Vogeler. Ce sont quand même les grands-parents de Ruth.

« ... et ma femme, dont le travail ne rapporte rien non plus, dépend d'autrui... »

Autrui ? Ce sont les parents de Clara !

« ... Quant à moi, je ne sers à rien et j'ignore comment je pourrais contribuer à acquérir quoi que ce soit. Et même si mes proches ne me font aucun reproche... »

Mes proches ? C'est ainsi qu'il parle de sa femme et de son enfant ?

« ... le reproche est pourtant là, et la maison dans laquelle je suis contraint d'habiter et qu'un bienfaiteur altruiste..., je veux dire, que vous, cher Vogeler, mettez si généreusement à ma disposition, cette maison est déjà pleine de ce reproche. Et j'ai tant de travail jour et nuit pour m'occuper de moi qu'il m'arrive souvent d'être hostile envers mes proches, qui me dérangent quand je suis submergé par une déferlante, alors qu'ils ont le droit de profiter de ma présence. »

Voilà donc, se dit Vogeler, la déferlante qui revient une fois de plus. C'est une élégie sans fin et il ne manquerait plus qu'il se mette à faire des rimes. Ou s'extasie sur la Russie. Ou les deux.

«... Vous prenez si gentiment de mes nouvelles, cher Vogeler, dit bel et bien Rilke qui s'éclaircit la voix et se lance dans un trémolo un rien déclamatoire, comme s'il se glissait dans un costume ou un rôle de composition. Je ressens la même chose que le peuple russe, dont les ignares exigent qu'il devienne enfin adulte, se confronte à la réalité et fasse son chemin. Peut-être arriverait-on ainsi, sur le modèle des Occidentaux, à acquérir quelque chose, un domicile et la sécurité, la culture et l'élégance, ceci et cela, l'un menant à l'autre. Mais accéderions-nous pour autant à l'unique exigence de notre âme, envers et contre tout ? Vous comprenez ?

Vogeler acquiesce avec circonspection. Je pense que ce qui vous manque, c'est peut-être...

— Précisément, l'interrompt Rilke qui se sent incompris par Vogeler depuis longtemps, il me manque quelque chose qui, dans ma situation instable de déraciné, représente un ancrage, la permanence, le réel. Mais je ne compte pas entreprendre quoi que ce soit en vue d'engendrer cette réalité. La simple idée qu'il puisse exister un lien entre mon œuvre et les contraintes de la vie quotidienne me coupe dans mon élan. Comme tout ce qui tient du miracle, cette permanence du réel devrait s'instaurer d'elle-même, m'être offerte tel un cadeau ou un don, voire découler de la nécessité et de la pureté de ma relation avec Clara, qui...

— *Moin, moin,* Hinnerk ! La voix puissante d'un paysan qui passe devant eux dans sa barque noire enduite de brai, manœuvrant sa gaffe avec quiétude et assurance, met un terme à l'ivresse rhétorique de Rilke.

— Bien l'bonjour, Jan. Vogeler fait un signe de main amical à l'homme.

— Comment c'est-y qu'ça roule ?

— Bien.

— Z'êtes en train d'discuter l'bout d'gras ?

— Ma foi oui, dit Vogeler.

— Alors y'a plus qu'à.

Rilke suit des yeux l'homme qui s'éloigne dans sa barque, sous la voile qui pend mollement du mât, comme si c'était une apparition venue d'un autre monde ou un personnage d'un tableau de Böcklin. Puis il se tourne vers Vogeler. Qu'est-ce qu'il a dit ? Je veux dire, de quoi avez-vous parlé ? »

Ah, Rilke. Vogeler, courtois, secoue la tête en son for intérieur et en toute discrétion. Dans son livre sur les peintres de Worpswede, Rilke a fait l'éloge de la langue locale, du dialecte bas-allemand avec ses mots brefs, rudes et colorés, tels des oiseaux de marécage aux ailes atrophiées qui se dandinent sur leurs pattes échassières. Mais excepté « *moin, moin* », qui signifie bonjour, Rilke ne comprend pas un traître mot de cette langue. Il ne comprend pas non plus les gens qui vivent ici. Quant à savoir s'il comprend les préoccupations des peintres, c'est pour le moins douteux.

⁂

Lorsque le livre sur Worpswede est paru voilà deux ans, Rilke et Clara revenaient de Paris et, avant d'enchaîner sur Rome, ils avaient passé l'été à Worpswede. Contraints de vendre leur maison de Westerwede, ils logeaient à titre gracieux au

Barkenhoff, suivant l'invitation renouvelée de Vogeler. Mais lorsque Bettina, la deuxième fille de Vogeler, vint au monde au mois d'août, le poète se sentit trop à l'étroit et trop exposé au bruit. Les cris du bébé gênaient Rilke dans sa lutte pour trouver l'inspiration, ils dominaient sa quête balbutiante du mot juste, et les Rilke s'enfuirent chez les parents de Clara à Oberneuland. C'était là que vivait, après tout, leur propre fille.

Rilke était incroyablement fier de son ouvrage qui lui avait même permis de gagner un peu d'argent. Chaque peintre sur lequel portait l'étude – Fritz Mackensen, Otto Modersohn, Fritz Overbeck, Hans am Ende et Heinrich Vogeler – avait reçu son exemplaire du livre, remis en grande pompe et assorti de dédicaces emphatiques. Paula Modersohn-Becker et Clara Rilke-Westhoff, sa propre femme, n'en reçurent aucun. Elles ne figuraient pas dans l'ouvrage en tant qu'artistes, ni même en tant qu'épouses. Clara avait beau étudier docilement auprès de Rodin – les femmes étaient pour Rilke des amantes, des muses tout au mieux.

« — Jeunes filles, de vous les poètes apprennent à dire l'étendue de votre solitude. »

Quand Rilke recourait au registre langoureux, les « jeunes filles » en question se sentaient tout d'abord flattées. Mais qu'est-ce que cela signifiait ? Cela signifiait que les poètes avaient pour mission de dire, les peintres de montrer, revenait aux femmes celle d'être. L'existence sous forme de présence, de disponibilité absolue pour les poètes et les peintres. Rilke avait besoin des femmes. Mais, au fond, il ne les aimait pas. Clara s'inclinait et se soumettait à sa volonté.

Contrairement à Paula. Au cours d'une soirée d'été dans le jardin du Barkenhoff, le couple Rilke n'étant pas là, on en vint à parler du livre de Rilke sur Worpswede. L'honnête Otto Modersohn trouvait le tout très réussi, bien qu'un peu loufoque.

«— Par exemple, dit-il en feuilletant l'ouvrage, il écrit ceci à mon sujet: “Il s'ensuivit des jours où régnaient l'agitation, la fougue, la tourmente, l'impatience de jeunes poulains avant l'orage”.

Paula pouffa de rire.

Modersohn l'arrêta d'un geste, le sourire aux lèvres. «Il y a encore mieux, là: “Et lorsque le soir tombait, on subodorait le sublime en toutes choses, l'écoulement d'un flot, à l'instar de ces fontaines dont chaque vasque se remplit pour se déverser bruyamment dans la vasque inférieure”. Modersohn referma le livre d'un coup sec. Voilà, selon Rilke, ce que je ressens quand je travaille. Cet homme n'y connaît rien.

— C'est joliment dit, en tout cas, déclara Martha Vogeler.

— Un peu lourdingue à mon goût, dit Modersohn d'un air affable, avant de prendre une grande gorgée du célèbre punch de Martha à base de reine des bois.

— Je ne crois pas que Rilke parle de toi, dit Paula à son mari. Ni de Vogeler, Mackensen ou Overbeck. Il ne parle que de lui-même. Encore et toujours. Je, mon, moi. C'est ça, son discours. Mais ce n'est pas la bonne façon d'écrire sur l'art. Et toutes ces précautions, cette peur de se faire mal voir par quelqu'un qui pourrait lui être utile par la suite. Cet arrivisme ! Cette flagornerie ! Il passe de la pommade à tout le monde. Ce ne sont que des phrases ronflantes et de belles paroles qu'il s'est parfois contenté d'emprunter. L'image des vasques débordantes, il l'a volée à Conrad Ferdinand Meyer. Ce type est une noix creuse. Et sa vantardise. Il veut rendre sa petite lueur plus vive en braquant sur lui le faisceau des grands esprits. Tolstoï ! Rodin ! Nous aussi, il nous utilise. Lorsque Rilke évoque Worpswede, il ne pense qu'à lui-même. »

À côté de Paula était assise Agnes Wulff, la meilleure amie de Martha Vogeler ; le coude sur la table et la tête dans la main, elle écoutait Paula se mettre en rage, tandis que Vogeler croquait les deux femmes. Peut-être pourrait-il utiliser ce croquis pour le grand tableau qu'il était en train de peindre. C'est lui, auquel Rilke devait le plus sur le plan matériel et pratique, qui avait fait l'objet des flatteries les plus mielleuses : selon Rilke, la peinture de Vogeler était extrêmement aboutie et, à ce titre, unique en son genre, on y sentait l'importance et la nécessité de chaque coup de pinceau. Tout en prêtant l'oreille à la colère de Paula et en la dessinant de profil, Vogeler se dit qu'elle avait raison. Il fallait cependant avouer que l'ouvrage de Rilke se révélait une excellente publicité pour les peintres.

Quand le club de tir du village organisa sa fête traditionnelle, Rilke refusa d'y aller, méprisant évidemment ce genre de festivités populaires, mais Paula persuada Clara de venir s'amuser en retrouvant la légèreté d'antan. Et Clara finit à son tour par convaincre Rilke. Il avait même daigné troquer sa tunique russe contre un costume d'été. Les paysans eux aussi s'étaient faits beaux, commerçants et artisans, jeunes et vieux ; quant aux peintres qui, en temps normal, ne faisaient pas vraiment partie du lot, vivant sur ces terres, mais pas de la terre, ils se jetèrent dans la cohue. Juste à côté de la tente où l'on dansait se trouvait le stand de tir avec l'oiseau sur sa perche. Le gras Fietjen, exploitant agricole de son état, serait sacré une fois de plus roi des tireurs, moyennant quelques magouilles, bien entendu, car le postulant à ce titre devait avoir les poches remplies d'espèces sonnantes et trébuchantes. Et chacun y mettait du sien pour enrichir le roi, afin que la bière gratuite et l'eau-de-vie locale coulent à flots.

La contrebasse portait le rythme au loin, les violons jubilaient, les cuivres se rengorgeaient fièrement, les flûtes distillaient des trilles et la grosse caisse maintenait le tout. Vadder Brünjes, auquel Paula avait loué l'atelier, vint à la table des artistes et entraîna Paula sur la piste pour danser la polka. Otto Modersohn hochait la tête en cadence avec un sourire bienveillant; lui-même n'aimait pas danser, mais il était heureux de voir que sa Paula l'était.

Fritz Mackensen, la moustache tortillée pour l'occasion, dansait allègrement avec une très jeune demoiselle un rien blasée, arrivée récemment de Hambourg pour prendre des cours chez lui. On savait plutôt bien ce que cela signifiait pour une jeune fille d'étudier auprès de Mackensen. Et personne ne le savait mieux que Clara Westhoff qui, quelques années plus tôt, avait acquis grâce à lui diverses techniques artistiques et autres... jusqu'à l'arrivée de Rilke, qui avait lui aussi connu une période d'apprentissage, auprès de Lou Andreas-Salomé.

Martha Vogeler était encore trop affaiblie par la naissance de Bettina pour pouvoir danser. Elle était assise à côté de Rilke et Clara, ce couple sur lequel pesait toujours le nuage sombre d'une fatalité lugubre. Cette absence de joie étant contagieuse, Martha avait le teint d'autant plus blême et grisâtre.

Un jeune charpentier, tout pimpant dans son costume traditionnel et visiblement enhardi par la boisson, alla jusqu'à leur table et invita Clara à danser. Elle lança un regard interrogateur à Rilke qui haussa à peine les épaules et but une gorgée de citronnade, tandis qu'elle se laissait conduire sur les planches. Le jeune homme était bon danseur et, pendant qu'il faisait tournoyer Clara dans une valse rapide, la mélancolie rilkéenne se liquéfia sur son front tel un masque invisible et son visage afficha l'assurance juvénile et gaie d'autrefois. Elle passa devant eux dans sa robe blanche, en état d'apesanteur, reposant sur le bras de son cavalier. Vogeler pouvait presque sentir l'énergie du corps de Clara enchaîner son cavalier à son propre rythme et les unir en une rotation dynamique et néanmoins aérienne.

Cela n'échappa évidemment pas à Rilke et le nuage qui surplombait son front vira au noir. Il se leva sans rien dire et quitta la tente. Clara, les joues rouges, échauffée et souriante, revint à la table où elle attendit quelques minutes. Après quoi le nuage redescendit sur elle et, d'un pas très lent de somnambule, elle s'en alla rejoindre Rilke.

⁂

«— Qu'est-ce qu'il a dit?»

Il pose la question avec insistance, comme si la salutation du paysan recelait un secret. Rilke parle beaucoup de cette candeur et de cette simplicité tout en retenue, mais lorsqu'il se retrouve face à la rude cordialité de ces gens et de leur langue, il ne les comprend pas, ni eux, ni leur dialecte. Il n'a pas non plus compris les peintres, se contentant de leur attribuer ses propres visions, ses idées, ses envies.

«— Juste un petit bonjour tôt le matin, dit Vogeler.

— Ah bon? Rilke paraît déçu. Il aurait sans doute préféré entendre parler de matines que de matin.

— Cet homme m'a demandé si nous étions en train de bavarder. Si ça allait bien, et...

— Ah, si ça va bien, dit Rilke. Comme si c'était facile à dire! Mes économies ont fondu. Je me retrouve une fois de plus impuissant, figé dans ce dénuement que je ne m'explique pas. Je l'avoue non sans honte, cher monsieur Vogeler: un certain degré de pauvreté inextricable qui, je le sais bien, incite des natures plus grossières que la mienne à l'action, me paralyse totalement. Je ne comprends pas comment l'argent est arrivé en ce monde, je ne saisis pas ses enjeux et je ne suis pas à la hauteur du combat.»

Argent? Rilke a-t-il réellement prononcé le mot argent? Dans sa langue, qui semble toujours auréolée d'un nimbe d'or, certains termes n'apparaissent jamais. Rilke n'a pas les mots correspondant au quotidien normal et profane et, les rares fois où il aborde des réalités concrètes, Vogeler en éprouve une sensation de libération. Qui ne reçoit que du vin et des gâteaux finit par rêver de pain et d'eau.

Rilke précise encore son propos. «Une petite somme, dit-il en se raclant la gorge, une petite somme d'argent me ferait beaucoup de bien, dit-il. À moi et à mon épouse.»

Non content d'utiliser l'atelier que Vogeler met gratuitement à leur disposition, Rilke a donc bel et bien l'intention de lui soutirer de l'argent. Il l'a souvent fait, mais de façon moins directe, c'était si tarabiscoté que cela en devenait incompréhensible, il tournait toujours autour du pot. Il quémandait en tournant vingt fois autour du pot...

«— Connaissez-vous quelqu'un de riche, dit à présent Rilke sans aucun détour, quelqu'un qui serait susceptible d'acquérir mes manuscrits ?»

À qui songe-t-il quand il dit «riche»? À lui, Vogeler? Sa peinture ne se vend certes plus aussi bien qu'il y a encore quelques années, mais il croule sous les commandes. Le Sénat de Brême vient de lui confier la décoration de la *Güldenkammer* à l'Hôtel de ville. Pour cette pièce située à côté de la grande salle, Vogeler est en train d'élaborer un décor consacrant le triomphe de l'Art nouveau qui porte sa marque, une ornementation fantastique et féerique, délicate et complexe, un joyau de l'architecture d'intérieur, une déferlante harmonieuse de marron, rouge et or, les murs revêtus d'une boiserie composée de divers bois polis, divisée par des pilastres avec des arcs plein cintre en noyer du Caucase, marquetée de bouleau clair et d'ébène noire comme la nuit, les chapiteaux des pilastres tout de bronze doré, surmontés d'une tenture rouge et or en cuir gaufré, une table et des chaises richement sculptées et dorées, des incrustations sur les portes, le plafond et les murs, des luminaires en bronze, des grilles et des plaques de laiton ornées avec art devant la cheminée en marbre. De toutes parts éclosent les motifs floraux et les formes qu'il a créés dans ses dessins, gravures et tableaux, des paons fabuleux et des hérons au plumage ondulant. L'ensemble deviendra une sculpture accessible et habitable, une pièce où le moindre détail porte la signature et l'empreinte de Vogeler. Un enchantement.

Les riches négociants de Brême ne regardent pas à la dépense lorsqu'il s'agit de se présenter sous un jour favorable, ils versent des honoraires convenables et la grande médaille qui l'attend demain va lui permettre de remplir son carnet de commandes. Mais l'aménagement du Barkenhoff, l'achat de terres, la famille, le personnel, le flot d'invités, les voyages – tout cela engloutit beaucoup d'argent et Vogeler doit sans cesse guetter les commandes et travailler s'il veut maintenir le niveau de vie élevé qui est désormais le sien. Est-ce d'ailleurs encore ce qu'il désire ? Quel est le coût moral de ses honoraires ? Quelle est la rançon du succès ?

Sa barque se met à tanguer. Il écarte les bras pour garder l'équilibre. « Riche ? » On dirait l'écho d'un mot dont il ne saisit plus le sens.

« — Un donateur, dit Rilke. Un homme ayant les moyens et aimant la littérature. »

Un homme ? Vogeler réprime un sourire. Rilke n'a-t-il pas davantage de crédit auprès des femmes ? À condition, bien sûr, qu'elles soient riches et si possible d'âge mûr, donc en quête d'affection. Et qu'elles aient un certain statut social, noble de préférence. Et qu'elles soient mariées, afin qu'elles ne songent pas un beau matin à débarquer chez lui avec leur mobilier.

« — Vous voyez ce que je veux dire, poursuit Rilke. Un mécène. Quelqu'un dans le genre de votre Roselius. »

Vogeler tressaille. *Mon* Roselius ?

⁂

Ludwig Roselius sortit son mouchoir blanc comme neige et imbibé d'eau de Cologne de la poche de son costume de lin beige et essuya la sueur sur son front dégarni.

« — Mes enfants, dit-il dans un soupir simulant la souffrance, vous ignorez la chance que vous avez. »

Voilà ce que disait presque toujours l'importateur de café brêmois, marchand de denrées coloniales en gros, consul général et mécène, lorsqu'il sortait nonchalamment son portefeuille pour en retirer du bout des doigts les billets qu'il posait discrètement sur la table de la maison ou de l'atelier. Puis, ravi, il se frottait les mains comme pour les laver, les essuyait sur son mouchoir et scellait l'affaire avec l'artiste honoré en lui présentant une paume parfaitement sèche.

Le cocher de Roselius amenait alors un lourd panier d'osier rempli de café et de thé, de cigares cubains, de cacao, de chocolats et parfois même de quelques noix de coco.

« — Servez-vous, disait gaiement Roselius, ne vous gênez pas. »

Une fois que l'artiste avait osé plonger la main dans la corne d'abondance richement dotée de denrées coloniales, Roselius donnait l'ordre au cocher d'emballer dans du carton et de la toile de jute propre le tableau, la gravure, le dessin ou la sculpture – selon ce qu'il venait d'acquérir –, de le ficeler avec soin et de le mettre dans la calèche. On remontait ensuite à cheval pour se rendre, d'excellente humeur, chez l'artiste suivant – « tel un Père Noël venu tout droit de Cafrerie », avait dit un jour Fritz Mackensen.

Roselius venait ainsi répandre ses largesses une ou deux fois par an à Worpswede, il prenait ses quartiers au Barkenhoff et faisait ses emplettes en passant d'un atelier à l'autre – toujours en compagnie de Vogeler. Au cours des premières années, Vogeler s'était vu comme une sorte de conseiller, d'expert et de guide, flatté d'être tenu pour le pivot et le roi secret de la colonie de Worpswede, mais aussi réellement heureux de pouvoir présenter un mécène si généreux à ses collègues.

Lors de cette étouffante journée de fin d'été, Roselius avait déjà acheté à Fritz Mackensen ses *Paysans à la herse* pour 150 marks, une livre de grains de café et trois Maria Mancinis, à Hans am Ende son *Soleil d'automne* pour 120 marks, deux tablettes de chocolat et deux Bolivars, et à Fritz Overbeck sa *Tourbière au clair de lune* pour 100 marks et une livre de cacao – mais pas de cigares, Overbeck étant non-fumeur et végétarien. On s'était également arrangé sans problème avec Otto Modersohn : trois Maria Mancinis, deux noix de coco, plus 130 marks pour la *Fête du club de tir à Worpswede*.

Durant la tournée, Vogeler avait ressenti une certaine gêne qui se muait lentement, mais sûrement en malaise physique. Il savait que ce n'était pas dû à la chaleur, ni à une quelconque maladie, et il pressentait que sa nausée exprimait un simple dégoût pour ce commerce. Lui, l'artiste de Worpswede qui réussissait le mieux, la coqueluche des galeristes, collectionneurs et mécènes que le millionnaire Roselius vénérait comme un génie et comblait de faveurs, c'est justement lui qui avait envie de vomir en voyant à quelle vitesse on transformait l'art en argent. Il ne comprenait plus. Il ne se comprenait plus lui-même.

«— Qu'en est-il, au fait, de la jeune épouse de Modersohn, cette Berta Becker ? s'enquit Roselius une fois dans la calèche.

— Pas Berta. Elle s'appelle Paula, dit Vogeler. Paula Becker, dont le nom est désormais associé à celui de Modersohn.

— C'est le cas de le dire! Roselius rit en agitant la main gauche d'un geste désinvolte signifiant sans doute que les noms, c'était du vent, l'essentiel étant l'art. Est-ce qu'elle s'épanouit? Il fit un clin d'œil évocateur. Sur le plan artistique, j'entends?»

Sur le plan artistique? Vogeler renversa la tête et regarda la verdure scintillante et déjà mouchetée de jaune de l'allée de bouleaux, le ciel bleu d'encre de l'été déclinant, l'alternance fugitive des troncs blancs et argentés. Disséminées le long de ces allées et chaussées, les maisons en brique rouge et à colombages verts ou bleus, recouvertes de lourds toits de chaume, étaient enfoncées dans la terre marécageuse par leur fardeau de fourrure, les chênes, bouleaux et peupliers, les bosquets de genêts et de sureaux semblables à des stores baissés devant leur visage. Les fenêtres luisaient faiblement à travers le feuillage, tels des yeux sombres derrière des masques. Les maisons étaient tranquillement disposées là et, même à la belle saison, la fumée de tourbe provenant de l'âtre et remplissant leurs entrailles s'échappait par l'abîme noir de la porte et s'infiltrait par les fissures du toit jusqu'à l'air libre.

La levée de terre s'étirait derrière la plate-bande de seigle vert émeraude des petits paysans. Là commençait l'univers de Paula. C'est là qu'elle trouvait les visages à peindre. Dans les baraques des journaliers qui gagnaient le droit de loger chez les paysans en faisant de la tourbe. Ces cabanes sans cheminée, à simple foyer ouvert, n'avaient même pas de murs latéraux. Le toit de paille recouvert de lichen et de renoncules s'étendait tel une tente au-dessus du logis avant de se répandre de chaque côté dans le vert lumineux des herbes de la tourbière. Elles comportaient une porte à l'avant, une fenêtre à l'arrière, l'avant servait d'abri aux chèvres, l'arrière de logement et de dortoir aux gens. Les indigènes d'Afrique ou du Pacifique sud, d'où provenaient les denrées du panier de Roselius, ne devaient pas vivre dans des conditions plus misérables que les journaliers du Teufelsmoor. Sur la levée de terre, les enfants gardaient les chèvres, jouaient avec leurs jeunes frères et sœurs, des chats et des chiens. Voilà les thèmes que Paula recherchait. Elle peignait les enfants, les vieux et les mères avec leurs bébés. Des mères qui, en se dévouant à leur progéniture, étaient libérées un instant de la dureté de leur existence, avant de devoir bientôt reprendre la houe en fer pour labourer le champ dont la terre meuble faisait s'enfoncer la charrue. Ce n'était en aucun cas de la peinture misérabiliste, ni une façon de romantiser la pauvreté. C'était la vérité – une vérité que Vogeler percevait et craignait en même temps. Une vérité dérangeante et peu lucrative.

Est-ce qu'elle s'épanouit ? Vogeler lança un regard oblique à Roselius. Que répondre à cela ? Il y a encore deux ou trois ans, personne, pas même Vogeler, n'avait pris Paula au sérieux, sauf peut-être Otto Modersohn. Sa première exposition à la Kunsthalle de Brême s'était fait éreinter par la critique, un vrai désastre. Paula ne vendait aucun tableau, pas un galeriste ne s'intéressait à elle. Mais Vogeler voyait désormais les choses autrement. Comparés à elle, les Mackensen, am Ende et Overbeck n'étaient que des peintres du terroir, Otto Modersohn un fabulateur insignifiant et vieux jeu. Et Vogeler ? Un décorateur vaniteux et obnubilé par le succès. Paula, quant à elle, était une force de la nature sur le plan artistique. Il ne l'admettait qu'à contrecœur et ne pouvait toujours pas se résoudre à le dire haut et fort. Peut-être craignait-il sa concurrence ? Peut-être que tous ceux qui rejetaient ses tableaux jugés patauds et primitifs craignaient en réalité sa puissance ?

«— Elle était l'année dernière à Paris, finit-il par dire comme si l'affirmation confirmait à elle seule l'évolution de Paula.

— Ah oui, Paris, acquiesça Roselius, puis il aspira une dernière bouffée de son cigare et jeta le mégot dans le fossé. Faudrait qu'on y retourne à l'occasion. Si cela vous tente, je vous invite, bien entendu.»

Vogeler, perdu dans ses pensées, hocha la tête et ne répondit pas.

«— Où se trouve donc l'atelier de la demoiselle, je veux dire, de la jeune épouse Modersohn-Becker? s'enquit Roselius.

— Chez un paysan du marais. Vogeler désigna un toit de paille entre buissons et bouleaux. Là-derrière, chez Vadder Brünjes, le chemin de terre...

— Alors on y va, claironna Roselius en criant au cocher: Vous avez entendu, Petersen? Là-derrière, le chemin de terre!»

Ils longèrent un fossé dont le miroir sombre reflétait le ciel inerte et passèrent devant des bouleaux maussades et voûtés pour arriver à la maison, des briques rouge brun dans un colombage blanchi à la chaux, le jaune sale du toit verdi par le lichen et interrompu par la haute fenêtre de l'atelier dont la surface lisse réfléchissait elle aussi le bleu du ciel qui, au bout du regard, affichait déjà une rougeur vespérale. Le chien de la ferme, retenu par une laisse, aboya rageusement avant de se calmer en reconnaissant Vogeler. La petite porte du grand portail à double battant était entrouverte. Ils entrèrent dans la pièce oblongue où l'odeur et la chaleur du bétail se mêlaient à la fumée âcre de la tourbe pour créer un crépuscule étrange et irréel.

«— Y'a-t-y personne à la maison? dit Vogeler à mi-voix dans la pénombre.

— Sont tous aux foins.»

Une voix évoquant le cuir craquelé. Devant l'âtre presque éteint où les cendres de tourbe s'amoncelaient comme de l'écume figée, une vieille femme se trouvait dans un fauteuil en bois et jonc tressé. Elle était raide et crispée. Elle avait eu une attaque quelques semaines plus tôt. Elle était restée paralysée, mais pouvait encore parler.

«— Oh, *moin*, *moin*, mamie Brünjes, dit Vogeler.

— *Moin*, Heini, dit la vieille d'une voix rauque.

— La Paula, elle s'rait point aux foins, elle aussi?

— Ben oui. Tous. Quand y faut, y faut.

— Elle dit qu'ils sont tous partis faire les foins, traduit Vogeler pour Roselius. Celui-ci l'arrêta d'un geste en souriant.

— Je comprends bien le dialecte, dit-il. Faute de quoi je ne pourrais pas épier mes ouvriers et mes magasiniers quand ils fomentent une fois de plus leurs révolutions et bâtissent des châteaux en Russie. Et la jeune demoiselle, pardon, madame Modersohn-Becker, elle met la main à la pâte, pas vrai?

— Elle paie un loyer très modeste pour l'atelier. En contrepartie, elle aide de temps à autre à la ferme quand on a besoin de tout le monde.

— Chapeau, acquiesça Roselius. À la r'voyure, dit-il à la vieille.

— Oui, au plaisir, murmura-t-elle. »

Une fois dehors, ils se postèrent devant les fenêtres de l'atelier, abritèrent leur visage avec les mains et regardèrent à l'intérieur, comme des enfants qui collent le nez contre la vitrine d'un magasin de jouets. Sur les murs et au sol se trouvaient des dessins, des peintures à l'huile, des portraits, autant qu'on puisse en juger, ainsi que des natures mortes, quelques rares paysages, des toiles vierges, des baguettes. Des tubes de peinture, des pinceaux, des palettes reposaient sur une robuste table de cuisine.

« — Regardez, dit Roselius en désignant le chevalet. Ce ne serait pas Oma Brünjes ? »

La toile posée sur le chevalet semblait en effet être un portrait de la vieille femme dans son fauteuil.

« — Faut qu'on voie ça de plus près », jugea Roselius en abaissant la poignée de la porte de l'atelier. Elle n'était pas fermée à clé. Vogeler s'apprêtait à protester, mais Roselius mit l'index devant sa bouche et entra.

Le tableau représentait à l'évidence la vieille Brünjes, mais l'artiste avait fait ressortir quelque chose qui échappait forcément à un simple coup d'œil. C'était le visage dur et tendu du labeur et de la misère, la peau déformée par une vie d'efforts, si bien que rides et sillons s'étaient élargis tel un gant de travail porté toute une vie, les bras démesurément allongés à force de soulever de lourdes charges. Les yeux couleur tourbe paraissaient refléter l'emploi du temps annuel des paysans du marais. Au printemps, quand débutait la fabrication de la tourbe, ils se levaient à l'aube et passaient la journée dans les tourbières dégoulinantes, d'où ils recueillaient à la pelle la lourde terre noire. L'été, comme aujourd'hui, ils étaient occupés à la maigre récolte du foin et des céréales, pendant que les briques de tourbe séchaient en grands tas avant d'être transportées en ville sur des barques et des charrettes à l'automne. Ils se levaient à minuit, tandis que les embarcations attendaient déjà sur les eaux noires des canaux, puis, comme s'ils avaient chargé des cercueils, ils maniaient leur gaffe d'un air grave et silencieux en mettant le cap sur l'aurore et la ville.

«— Vous voyez ça?» chuchota Vogeler.

D'un geste de connaisseur, Roselius avait placé le pouce de la main droite sous son menton et l'index sur le bout de son nez, et il hocha la tête. «En effet, dit-il, c'est un peu grossier peut-être, mais elle a du talent.

— Non, dit Vogeler, je ne pense pas à la technique, ni à l'art, mais à la vie réelle. Vous ne voyez pas le labeur de ces gens, leur existence difficile et leur souffrance? Dans le regard de cette femme?

— Allons, dit Roselius avec bonhomie. Ne faites pas d'emblée votre social-démocrate. Ce tableau, je serais prêt à l'acheter. Mais si madame est sortie... Roselius haussa les épaules et se tourna vers la porte. On repassera une autre fois, dit-il. On s'en va, Vogeler.»

Pendant qu'un soleil bas et rouge flamboyait à travers le feuillage des bouleaux et des chênes, allongeant les ombres, Petersen les conduisit à la dernière étape du jour. À quelques kilomètres au sud de Worpswede, le hameau de Westerwede abritait la maison louée par Rilke et sa femme. C'était la dernière maison du village, aussi perdue que la dernière maison du monde, selon Rilke, et la rue se poursuivait en direction du soir. Ce n'était même pas une maison entière, mais la moitié d'une simple ferme avec une ancienne bergerie aménagée pour servir d'atelier à Clara Rilke-Westhoff. Du lierre épais envahissait la façade et donnait à l'ensemble une note mélancolique et songeuse. Devant la porte de la cuisine qui menait au jardin et à l'atelier de Clara, se trouvait une treille d'où sortit, au moment où la calèche s'arrêta et où les chevaux fatigués s'ébrouèrent, Rilke.

Vogeler, qui savait mieux que quiconque se mettre en scène en tant qu'artiste, réprima un sourire car Rilke ne se tenait évidemment pas sur le seuil comme n'importe qui. Il avait adopté une pose et une tenue, s'appuyant lourdement sur une bêche, comme s'il venait de labourer un champ de pommes de terre ou d'extraire de la tourbe, portant sa tunique russe et ses bottes rouges avec lesquelles il avait déjà fait forte impression lors de son apparition un an auparavant.

Le revoir dans ce rôle était pour le moins surprenant. Vogeler savait par Martha, qui avait dû l'apprendre de Paula, que Rilke s'était vu contraint de bannir ce costume dans une penderie après avoir abordé Clara de si près qu'un mariage était devenu inévitable. L'accoutrement russe de Rainer ne rappelait que trop bien au monde entier, et notamment à Clara, la liaison de Rilke avec Lou Andreas-Salomé. Mais Clara, espérant obtenir les bienfaits d'un mécène dont ils avaient grand besoin, avait dû fermer les yeux ou même encourager Rilke à se présenter en parfait koulak devant Roselius.

Clara, comme mue par un signal silencieux, apparut aux côtés de son mari qui la conseillait et lui dictait sa conduite dans presque tous les domaines, y compris sans doute pour sa coiffure et sa tenue. Elle portait une robe dite réformée, en lin blanc, droite et légèrement froncée sous le buste, sous lequel se dessinait déjà son ventre de grossesse qu'elle soulignait encore en tenant ses mains croisées, comme en prière, au-dessus du renflement. Plus grande que Rilke, elle gardait humblement la tête penchée, peut-être pour donner une ondulation artistique à l'une de ses boucles sombres, mais surtout pour ne pas dépasser le génie à ses côtés.

Vogeler vit du coin de l'œil que Roselius semblait très impressionné par l'entrée en scène de ce couple mal assorti. Il embrassa la main que Clara lui tendit dans un mélange de timidité et de grâce altière.

«— Mes hommages, madame, murmura-t-il avant de serrer énergiquement la main de Rilke. Enchanté de faire votre connaissance. Je connais déjà votre chère épouse.

— C'est pour nous une joie, dit Rilke en s'inclinant très bas, je dirais même un vrai bonheur que vous nous fassiez l'honneur d'une visite dans notre modeste logis.»

Le rez-de-chaussée comprenait la chambre à coucher, un séjour et la cuisine, séparée de l'étable par un mur blanchi à la chaux et orné d'un tableau de sainte Cécile. Une vitrine conçue par Vogeler abritait de la céramique paysanne et une vasque en argent avec une cruche. Un escalier étroit menait à la mansarde, où se trouvait le vaste bureau de Rilke. Aussi modeste que tout cela fût, seul le solide soutien financier des parents de Clara avait rendu possible leur installation dans le logis en question.

Roselius regarda autour de lui, hocha la tête comme s'il ne s'attendait à rien d'autre et s'adressa à Clara. «C'est coquet ici, dit-il. Vraiment. Comment nous portons-nous compte tenu..., il se racla la gorge et regarda le ventre de Clara d'un air vaguement soucieux, compte tenu des circonstances ?»

Clara afficha un sourire crispé. «Ah, cher monsieur Roselius, à vrai dire, ça va plutôt...»

Elle ne put finir sa phrase parce que Rilke l'interrompit. «C'est gentil de vous en inquiéter, monsieur le consul général. Les circonstances sont plutôt favorables à mon œuvre. Mais, pour l'instant, toutes sortes de vilains et menus tracas d'ordre pratique nous barrent crânement la route.» La voix douce de Rilke prit une inflexion douloureuse.

À l'évidence, ce n'était pas la première fois que Roselius entendait ce ton. «Vous parlez d'argent ?» demanda-t-il sur un mode oscillant entre l'interrogation et le constat.

Clara tressaillit, se détourna et s'éclipsa en silence à la cuisine pour préparer le thé.

«— Oui, d'une certaine façon, dit Rilke, bien que l'on se sente parfois trop raffiné pour manier de l'argent. On se consacre alors davantage à la vie intérieure.»

On entendit un bruit de vaisselle qui s'entrechoquait à la cuisine.

«— Je comprends. Roselius arbora un sourire. La vie intérieure. Mais j'imagine celle de votre estomac lorsque vous autres artistes ne daignez plus toucher à l'argent.»

Il rit et regarda Vogeler. Allez, rigole aussi, disait son regard. Vogeler afficha un sourire forcé.

« — Vous avez parfaitement raison, monsieur le consul général, s'empressa de dire Rilke. Étant donné nos besoins minimes et la simplicité qui me caractérise, ainsi que ma femme bien sûr, un revenu de 250 marks par mois nous suffirait. »

Cela étonna Vogeler. Avec 250 marks par mois, le couple aurait du mal à s'en sortir, du moins tant que Rilke irait jusqu'à faire concevoir son papier à lettres, avec filigrane et vignette Art nouveau, ainsi que tout son mobilier par Vogeler. Il le faisait à titre gracieux, comme un geste amical parmi tant d'autres et une sorte de cadeau de mariage a posteriori, mais les ébénistes et les imprimeurs devaient être rémunérés correctement pour leurs travaux haut de gamme. Vogeler était parfois obligé d'avancer l'argent aux artisans pour les satisfaire.

Clara sortit de la cuisine avec un plateau, posa les tasses sur la table, servit le thé. Sans piper mot.

« — Si ma femme pouvait donner des cours ou peut-être vendre une sculpture à l'occasion, poursuivit Rilke, et si je fais éventuellement des conférences, des traductions du russe et que je rédige des critiques telles que celle-ci... tenez, regardez. » Il désigna un ouvrage en deux volumes ouvert sur la table.

Roselius se pencha. « Voyons voir, *Buden*, non, *Buddenbrooks*, lut-il à mi-voix, par un certain Thomas Mann ? Ça ne me dit rien.

— Retenez bien ce nom, dit Rilke. Un travail colossal. Digne d'un tableau de Segantini.

Roselius fronça les sourcils. Segantini ?

— Le traitement approfondi et homogène de chaque partie, la même surface sillonnée cent fois, dit Rilke pour préciser sa remarque qui demeura néanmoins énigmatique. Comme lorsqu'on bêche un jardin infini, vous comprenez ? Sillon après sillon ? » En disant cela, Rilke passa la main sur sa tunique russe comme pour en enlever des restes de terre après une journée de dur labeur.

Vogeler sourit en songeant que le jardinet de Rilke serait bêché en une demi-heure.

« — Vous prenez de la crème dans votre thé ? » Clara souleva un petit pot en porcelaine.

Vogeler le lui prit des mains. Il connaissait Rilke suffisamment bien pour savoir que ce dernier continuerait à parler de lui-même et ramènerait n'importe quel sujet à sa personne si on n'abordait pas enfin le vrai motif de leur visite. « Et qu'en est-il de votre travail, chère Clara ? demanda-t-il donc au moment où Rilke, portant la tasse à ses lèvres, fut contraint de se taire un instant.

— Ma foi, murmura-t-elle en rougissant et en inclinant la tête, si bien que la boucle de cheveux sur sa tempe se remit à onduler joliment, je fais des efforts et j'aimerais...

— Mon épouse, dit Rilke, veut dire que son travail, c'est-à-dire le nôtre...

Vogeler le coupa. « Dans ce cas, auriez-vous l'obligeance de nous conduire dans votre atelier ? »

— Certainement », dit Rilke en ouvrant la marche. Vogeler et Roselius le suivirent. Clara Rilke-Westhoff se joignit à eux en silence, tête baissée.

Le soleil couchant dardait ses rayons rouge sang à travers les fenêtres de l'ancienne étable et la poussière exécutait des danses chaotiques. Les tables de travail accueillaient des plâtres sous forme de moulages négatifs ou de modèles terminés, ainsi que des sculptures en terre glaise aux contours inachevés, et une étagère exposait deux bronzes – une tête de femme au regard abattu et résigné, une femme debout portant un enfant. Quelques cartons et toiles reposaient contre les murs, le chevalet mis de côté était vide.

Roselius lança un regard scrutateur dans la pièce. « Hum, hum, dit-il avec hésitation, comme s'il s'attendait à autre chose, la sculpture, donc. »

Il s'approcha du moulage en plâtre d'une tête d'homme, s'arrêta, plissa légèrement les yeux, regarda Rilke, sourit en comprenant et se retourna vers la tête de plâtre. Le visage était tellement penché en avant que le cou et le bouc ne faisaient plus qu'un. Cela lui donnait un aspect introverti et renfermé. Le front assombri par l'abondante chevelure formait avec l'arrière de la tête et la nuque une ligne tendue, tandis que la bouche charnue et sensuelle, le nez large contrastaient nettement avec les yeux battus et enfoncés. « Votre femme vous a bien cerné, finit par dire Roselius.

— Pour l'instant, commença Clara, ce n'est...

— Qu'une simple étude, bien entendu, un premier essai, précisa Rilke. Tout ce que nous faisons sont des tentatives, des étapes sur le chemin. Il faut que vous sachiez, monsieur le consul général, que ma femme a étudié auprès de Rodin.

— Ah bon ? fit Roselius, indifférent.

— À Paris, dit Rilke avec insistance, chez Rodin. Et nous allons y retourner. À Paris, chez Rodin.

— Parfait, dit Roselius en regardant Clara. Faites-vous également de la peinture et du dessin, chère madame ?

— De temps à autre, dit-elle à voix basse. Il s'agit...

— Il s'agit, à vrai dire, d'études préliminaires pour les sculptures, pour son œuvre, ajouta Rilke, se croyant obligé de fournir une explication.

— Je vous en prie. » Roselius, agacé, plissa le front. Vogeler comprit que le verbiage égocentrique de Rilke lui tapait sur les nerfs et Rilke semblait lui aussi avoir bien reçu le message contenu dans le « je vous en prie ».

Clara souleva une des toiles retournées contre le mur et la posa sur le chevalet qu'elle sortit de l'angle de la pièce et plaça dans une meilleure lumière. Un jaune orangé éclatant qui, libéré de la pénombre, se para des teintes claires et chaudes du soleil couchant – un bouquet de fleurs émergeant de la fraîcheur d'un vase d'eau.

Roselius pencha la tête en connaisseur. « Je doute qu'il s'agisse d'une simple étude pour une sculpture, dit-il sur un ton moqueur. Seriez-vous disposée à me le vendre ?

Clara acquiesça.

— Soixante..., Roselius saisit son portefeuille. Bon, disons soixante-dix marks ? »

Clara acquiesça.

Rilke acquiesça plus vigoureusement encore.

Roselius fit glisser les billets sur l'étagère à côté du buste en bronze, maintenant embrasé par le crépuscule, et le contempla d'un air songeur.

« — Vous êtes un connaisseur, Roselius, dit Vogeler dans l'espoir d'inciter le mécène à acquérir un bronze. Cette nature morte de fleurs est un bon tableau, évidemment. Mais le talent de Clara réside avant tout dans la sculpture. Il faut reconnaître que monsieur Rilke a raison.

— Hum, hum, fit Roselius. Qu'entendez-vous par là ? »

Bien que la question s'adressât à Vogeler, Rilke ouvrit la bouche pour répondre, mais Roselius fronça tellement les sourcils que le poète jugea préférable de se taire.

« — Ce buste, dit Vogeler, rappelle tout à fait le portrait dans l'atelier de Paula. Les paupières lasses. Les commissures tombantes sous le poids de la misère. La profonde résignation, le désespoir de ne jamais trouver une vie meill...

— Je vous en prie ! Cette fois, la remarque était aussi cinglante qu'un coup de fouet. Qu'est-ce qui vous prend aujourd'hui, mon cher Vogeler ? L'accent portait davantage sur *mon* que sur *cher*. Peignez si vous êtes peintre. Faites des sculptures si vous êtes sculpteur. Écrivez des poèmes si vous êtes un poète comme monsieur Rilke. Mais laissez la politique aux gens qui sont dans la vie active et ont de l'expérience. Tenez-vous-en, chers amis, à la peinture, à la poésie. Exprimez vos sentiments par les couleurs, les lignes et les rimes. Offrez au monde vos chefs-d'œuvre impérissables et vous contribuerez largement au bonheur de l'humanité. Mais laissez l'élaboration d'idées sociales, voire socialistes, à ceux qui ont fait leurs preuves dans la vie. Car, comme le dit si bien le poète : La vie est sérieuse, l'art est gai. Ou devrait l'être, en tout cas. Et ne me regardez pas avec cet air de chien battu.

— Oui, monsieur le consul général », répondit Rilke au quart de tour en se redressant.

Vogeler, perdu dans ses pensées, fixait le buste en bronze. Cette tête, tout comme le portrait de la vieille Brünjes par Paula, exprimait la vérité. Mais c'était une vérité silencieuse, cruelle et gênante que Vogeler avait préféré éluder jusque-là.

Rilke venait de retrouver sa verve. Il raconta que les éditions *S. Fischer* lui avaient proposé d'éditer un livre sur Walther von der Vogelweide, à d'excellentes conditions, d'ailleurs. Mais il avait refusé. « À l'époque où je lisais encore beaucoup le moyen haut allemand, affirma-t-il en regardant Vogeler, sa chanson politique m'empêchait de l'apprécier de façon inconditionnelle. Et depuis, je ne suis pas plus enclin à supporter la poésie engagée.

— Exemplaire, monsieur Rilke », dit Roselius d'un ton sec et un rien railleur.

Vogeler adorait Walther von der Vogelweide, il avait porté un temps dans sa poche un petit recueil de ses poèmes, et il avait mis en musique et récité certains d'entre eux en s'accompagnant à la guitare. Rilke le savait parfaitement, bien sûr. À l'inverse, Vogeler doutait que Rilke eût jamais su déchiffrer le moyen haut allemand. Que signifiait donc, se demanda Vogeler, cette attaque soudaine contre Walther von der Vogelweide ? Était-ce une façon pour Rilke de s'attirer les bonnes grâces d'un homme riche ? Ou la critique s'adressait-elle à lui, Vogeler ? Et si oui, pourquoi ? De même que Rilke n'écrirait jamais rien d'aussi subversif que *Les Tisserands*, de même Vogeler était très éloigné de motifs à la Käthe Kollwitz, bien que ses dessins qu'il avait vus à Berlin l'eussent ému, intrigué et déstabilisé en tant qu'artiste.

Rilke, comme pour cacher sous un pansement la blessure qu'il venait d'infliger à Vogeler, racontait à présent qu'il songeait plutôt à écrire un livre sur les peintres de Worpswede et qu'il était déjà en contact avec une maison d'édition prête à lui verser un acompte.

Roselius hocha la tête en guise d'approbation. « Faites cela, monsieur Rilke. Un ouvrage issu de votre noble plume ne peut qu'augmenter la valeur de mes chers peintres de Worpswede. »

Roselius se dirigea vers la porte ouverte et fit signe à Petersen, qui attendait de présenter le panier colonial. Clara choisit du chocolat noir et du thé de Ceylan, puis remercia en esquissant une révérence et un sourire, rendant un instant à son visage triste l'insouciance juvénile qui la caractérisait avant son mariage avec Rilke.

« — Prenez un cigare, allez-y, dit affablement Roselius à Rilke, alors qu'il n'avait fait affaire qu'avec sa femme.

— Je vous suis très obligé, monsieur le consul général, mais je ne fume pas. »

Plus, pensa Vogeler. Lorsqu'il avait fait la connaissance de Rilke à Florence, celui-ci fumait encore des cigarettes, des cigarettes russes, cela va de soi. Et il buvait de l'alcool. Cela ne remontait qu'à trois ans, trois ans à peine et pourtant l'homme, le jeune marié abstinent qui se tenait à côté de sa femme enceinte, semblait avoir changé. Sans être plus heureux pour autant...

« — Vous ratez quelque chose », dit Roselius avec bonhomie, avant de prendre un Maria Mancini et de laisser Vogeler lui donner du feu.

⁂

Mon Roselius ? Vogeler secoue la tête. Ça bruisse dans les roseaux. Hé, héhé, hééééé ! Une nuée de mouettes rieuses s'élève dans le bleu du ciel, un crouâââ strident et sonore auquel se superposent des sons brefs et perçants, kiiiik-kik. Se moquent-elles de lui ? De l'artiste dans sa barque qui tangue ? Ou rient-elles du poète au regard triste et chroniquement sans le sou, le poète hermétique au dialecte ? Kiiiik-kik, la sonorité rappelle celle de « vise un peu ça » en bas-allemand et se dissipe en direction de la Weser et de la haute mer.

« — Je vais à Brême cet après-midi et je vois Roselius demain, dit Vogeler. Il veut m'accompagner à l'inauguration de l'exposition du Land. À Oldenbourg. Pourquoi ne pas vous joindre à nous ? Après tout, on y verra aussi une sculpture de votre femme... »

Vogeler se mord les lèvres, mais maintenant c'est dit. Le fait que Clara Rilke-Westhoff soit la seule femme représentée pourrait être un sujet de satisfaction pour son mari. Or le dilemme réside dans l'objet car il ne s'agit pas d'un buste de Rilke, mais justement de lui, Heinrich Vogeler. Si elle avait choisi Rilke, Clara aurait été ignorée comme Paula l'était une fois de plus. Si Paula avait fait le portrait de Vogeler, elle serait peut-être exposée à Oldenbourg, elle aussi.

D'une certaine manière, cette exposition forme un système solaire dont Vogeler est l'étoile fixe, les autres n'étant que des planètes qui gravitent autour de lui, des satellites. Des étoiles filantes. Non pas que Vogeler ait honte de son succès. Le succès est doux, il apporte de l'argent dans la famille et la maison qui s'agrandissent. Il donne aussi de l'assurance qui stimule à son tour la productivité. En ce sens, le succès est une sorte de mouvement perpétuel. Mais le succès personnel ne repose-t-il pas toujours sur l'échec d'autrui ? Or l'œuvre récompensée est rarement la meilleure. Et l'auréolé ne mérite pas forcément son auréole.

« — À Ol-den-bourg ? » Rilke prononce le nom de la petite ville et ancien grand-duché syllabe par syllabe, comme si sa voix devait saisir le toponyme du bout des doigts, et il lance un regard ébahi à Vogeler, à celui qui ose lui imposer un voyage dans les bas-fonds de la banalité.

« — Oldenbourg n'est pas Paris, bien sûr, dit Vogeler en s'efforçant de sourire, mais... »

Il s'interrompt. Si les Rilke l'accompagnaient, cela serait peut-être des plus gênants, puisque Rilke a disparu de son grand tableau. Rilke doit le savoir depuis longtemps par le bouche à oreille de la colonie de Worpswede, cet enchevêtrement complexe de murmures et de rumeurs, de chuchotis et de racontars, de commérages et de messes basses. Mais Rilke ne laisse rien paraître. À moins qu'il ne soit content d'être si visiblement banni de la sphère d'influence de Vogeler ? De fait, le bouche à oreille révèle aussi le mépris avec lequel Rilke parle désormais de Vogeler. L'une ou l'autre indiscrétion filtre même des éditions *Insel*, d'habitude si discrètes – on sait par exemple que Rilke tient à présenter son nouveau recueil de poèmes comme un livre de prières du seizième siècle, tel le livre d'heures d'un prince sensible à l'art, tout en renonçant à la plate recherche de l'effet décoratif et antiquisant d'un Heinrich Vogeler.

Autrefois, dans l'ivresse d'une amitié naissante et l'euphorie des affinités, le ton était nettement différent. Rilke se tenait déjà, et sans inhibition aucune, pour un génie, mais il voyait encore en Vogeler son cher compagnon de route au naturel rêveur et au génie égal au sien. Cela remonte à sept longues années, les sept ans du conte de fées, durant lesquels leurs affinités, trop vite déclarées comme telles, se sont réduites à un échange guindé de politesses. En cette matinée d'été, ils se retrouvent donc face à face, l'un dans sa barque chancelante, mais savourant le succès, l'autre sur la terre ferme et régulièrement à sec. Ils se sourient, tout en sachant que l'autre ne dit pas la vérité, ou cache quelque chose, et que ce silence est d'or.

« — Ah, cher monsieur Vogeler, j'aimerais tant vous accompagner à Oldenbourg, dit Rilke, ce qui n'est en réalité qu'un banal mensonge. Mais je suis déjà en pleins préparatifs de voyage. La comtesse Louise von Schwerin m'a invité dans son château de Friedelhausen. Les domaines voisins sont généralement occupés par la fratrie d'une autre famille noble très ancienne, des parents éloignés de mes arrière-arrière-grands-parents, dont un des frères a épousé une princesse, la cousine de la grande-duchesse de Hesse. Mais peu importe : vous avez sûrement entendu parler de la comtesse ? Non ? Une dame d'une royale générosité et sensible à l'art, qui...

— Ah ah, dit Vogeler en songeant que Rilke, au milieu de telles bienfaitrices, n'a plus besoin d'un Roselius.

— Mon épouse va m'accompagner.

— Ah bon ? Voilà qui surprend Vogeler, Rilke voyageant presque toujours sans Clara lorsqu'il honore de sa visite les duchesses dévouées, les baronnes bien dotées, les jeunes femmes fortunées et autres comtesses au grand cœur.

— Elle doit faire une sculpture de la comtesse, dit Rilke en guise d'explication ou d'excuse. Après quoi nous retournerons à Paris. Chez Rodin.

Vogeler acquiesce. Je comprends, dit-il. Dans ce cas, je vous souhaite un bon voyage à vous et à votre femme.

— Adieu, cher monsieur Vogeler. Rilke lève la main gauche, puis se retourne pour partir.

— Prenez soin de vous. »

Vogeler attend que le poète ait disparu derrière les buissons de bouleaux vert clair pour se rasseoir avec précaution sur le banc de nage. Il tient toujours la pipe bourrée qu'il allume avec une allumette. L'adieu de Rilke, songe-t-il en inhalant profondément, n'avait-il pas un caractère définitif vaguement moqueur ? Et sa propre salutation, quelque chose d'ultime ?

Sur un îlot de tourbe flottant sur la rivière, deux coqs sauvages se font face et se rengorgent, prêts à en découdre, leurs becs pointus déjà tournés l'un vers l'autre mais, avant que le rituel de combat des oiseaux marron et bariolés ne dégénère, ils se mettent à dériver, tel un rêve tardif, sur l'eau noire et tourbillonnante.

Il expire la fumée et suit des yeux les volutes qui se dissipent dans le ciel d'été. Le soleil est haut, on approche de midi. Il empoigne les avirons et rame jusqu'au ponton d'un geste puissant et régulier. Dans les prairies, de jeunes paysannes aux coiffes d'un blanc étincelant sont en train de faire les foins. Il amarre sa barque, reste assis un moment sur le ponton, retire ses galoches et laisse ses pieds pendre dans l'eau. Dans le silence, il a l'impression que l'eau lui parle. Étrange. Il pensait que l'eau était muette et le royaume des poissons somnolents, silencieux. Des libellules bleues survolent la surface miroitante, attrapent moustiques et taons. Il croyait que l'eau servait à boire quand on avait soif, à laver quand il le fallait et que, en dehors de cela, l'eau n'était que de l'eau. Mais le langage de l'eau lui apparaît soudain comme un miracle, une histoire qui raconte quelque chose, quelque chose d'immuable et de brillant comme une étoile ou le mica dans une pierre. Il comprend tout à coup pourquoi l'eau est si difficile à peindre. À vrai dire, c'est impossible. Au fond, rien de ce qui est réel ne se laisse peindre. Le récit de l'eau contient aussi une partie de son enfance, de l'époque où il ne comptait pas encore sa vie en années, telle une trace ineffable qui précède parfois les rêves de la nuit. Elle provient des vrilles et des racines de l'ornement végétal insondable de son être. Voilà à quoi lui fait penser l'eau, dont le langage ne comporte ni rimes, ni rythme, ni sens. De l'eau, précisément. Impossible à peindre.

Tandis qu'il arrive chez lui et passe entre les parterres et les haies aux formes arrondies, Karla fonce vers lui en dévalant les marches qui mènent à la terrasse, elle lui bondit dessus, appuie son museau humide contre sa cuisse, le laisse tapoter ses flancs et lui tourne autour en remuant la queue. La chienne barzoï qu'Alfred Heymel lui a offerte à Noël il y a quelques années est affectueuse, fiable et fidèle, elle mérite donc de figurer au premier plan du *Concert*, à côté de Martha, comme une des protagonistes, une gardienne de la maison, une déesse du parvis.

Quelqu'un du genre de Rilke ne veut être responsable de rien ni personne, pas même de son propre enfant, il ne veut appartenir à personne – et néanmoins être admiré et aimé de tous. C'est ainsi qu'il ignore et perd beaucoup de gens. «Je suis, a-t-il dit un jour à Vogeler en haussant les épaules et presque en s'excusant, toujours fidèle aux souvenirs ; mais je ne le serai jamais aux femmes, ni aux gens en général.»

Et pourtant, il s'est montré fidèle au moins une fois, dans une situation où il n'était pas facile de le rester. Vogeler s'en souvient bien. Avril, non, mai 1898. Florence. L'intimité d'une cour intérieure...

⁂

... dans le velouté du crépuscule. Roses jaunes et fleurettes rouges et jaunes rappelant à Vogeler les églantines sauvages de son pays grimpaient, discrètes et dociles, sur de hautes treilles fixées aux murs. Des pensées dans des vasques en pierre observaient d'un regard attentif l'assemblée attablée qui s'animait. Brouhaha, rires, cliquetis d'assiettes et tintements de verres couvraient le gargouillis de la fontaine. Dans la chaleur de fin d'après-midi, les roses exhalaient un parfum si mûr et intense qu'il dominait les odeurs de cuisine s'échappant par la porte entrouverte, mais la senteur florale se révéla vite impuissante face à la fumée de cigare et de cigarette de plus en plus dense.

Monsieur Schneeli, amateur d'art et mécène suisse, un gai luron des plus fortunés, avait organisé dans la cour intérieure de la pension Benoit, située sur le Lungarno Serristori, une petite verrée qui gagnait en drôlerie, en décontraction et en fluidité alcoolisée à mesure qu'elle dérivait vers le soir. Une douzaine d'Allemands, de Suisses et d'Italiens étaient présents – artistes et poètes, musiciens et critiques, ainsi qu'un acteur.

Cela étant, songea Vogeler, incommodé une fois de plus par le rire forcé, à la limite de la quinte de toux, d'un peintre suisse, cela étant, tous ces gens attablés étaient au fond des acteurs et lui aussi, surtout lui sans doute, le fils d'un négociant de Brême affublé de knickerbockers jaunes Biedermeier et d'une chemise Lord Byron à col ouvert d'un pittoresque presque gênant. La panoplie du parfait artiste. Tel que le souhaitaient la noblesse et cette bourgeoisie qui finance l'art et collectionne les œuvres.

On nota, à la grande déception de la plupart des invités, l'absence de l'écrivain Gabriele D'Annunzio, qui se faisait actuellement construire à Florence une maison dont la conception excentrique et la décoration somptueuse faisaient courir les rumeurs les plus folles. Monsieur Schneeli laissa entendre que D'Annunzio s'excusait, étant en mission diplomatique et donc indisponible, ce à quoi l'un des critiques présents répondit que ladite mission devait concerner sa maîtresse, la célèbre actrice Eleonora Duse. Outrée d'apprendre que l'invitation de Schneeli ne s'adressait qu'au sexe fort, elle aurait fait à D'Annunzio une scène qui dépassait même l'imagination de l'écrivain. Éclat de rire général. Un compositeur leva son verre pour porter un toast aux femmes absentes. Murmures d'approbation dans la brume bleutée.

Vogeler se demanda s'il devait demander l'adresse de D'Annunzio afin de récolter chez lui une lichée de miel pour ses propres projets architecturaux, il porta son verre à ses lèvres d'un air songeur, but en renversant la tête et remarqua entre fleurs et fumée un visage penché au-dessus de la balustrade de la terrasse qui les observait, mais disparut aussitôt, tel un animal effarouché, en croisant le regard de Vogeler. Le crépuscule descendant dans la cour intérieure était si bleu et dense qu'une bonne alluma lampes et bougies.

L'un des peintres dit que la terrasse du toit offrait à cette heure-ci une vue des plus spectaculaires. Ne voulait-on pas monter la voir ?

La proposition faillit se noyer dans la conversation débridée par l'alcool, mais lorsque monsieur Schneeli déclara l'idée grandiose et se leva en gémissant de son fauteuil en rotin, Vogeler et quelques autres messieurs se joignirent à lui. Pour le cas où la beauté du spectacle ne suffirait pas à élever les esprits, on prit soin d'emporter carafes et tabacs avant de gravir les marches. L'accès au toit se faisait depuis le troisième étage par un escalier raide. Mais, pour atteindre la terrasse en pierre, il fallait traverser l'entrée d'une chambre dans laquelle quelqu'un était en train d'écrire à une table. Lorsque la troupe éméchée déboula de l'escalier, il leva les yeux sous l'effet de la surprise et d'une légère indignation. Un jeune homme. Le visage que Vogeler avait entraperçu auparavant.

« — Excusez-nous pour le dérangement, haleta Schneeli en allemand, comme si cela allait de soi, mais la vue..., on nous recommande la vue. »

Le jeune homme referma d'un coup le carnet dans lequel il était en train d'écrire, se leva avec prévenance et s'inclina. «Je vous en prie, répondit-il lui aussi en allemand avec un accent moelleux dont Vogeler ne reconnut pas l'origine. Vous faites bien, messieurs. Car cette vue va bientôt se mettre à chanter telle une femme solitaire qui crie le nom de son lointain amant dans la nuit et glisse toute son ardeur et sa tendresse dans cette malheureuse parole.» Puis il se tut et pencha la tête sur le côté, semblant écouter l'écho de ses propres paroles. Peut-être doutait-il de leur sens.

«— Bon, eh bien...», murmura monsieur Schneeli un rien perplexe, et il se racla la gorge.

Vogeler crut avoir affaire à un moine tenant volontiers ses mains un peu trop haut, toujours prêt à prier; sans compter cette barbe souple et laineuse de jouvenceau, qui rappelait celle des religieux orthodoxes dont le menton et les joues n'ont jamais senti la lame du rasoir.

«— Ai-je raison de supposer que vous êtes poète?» demanda Vogeler.

Le moine acquiesça en caressant sa barbiche ébouriffée.

«— Se pourrait-il que votre nom ne nous soit pas inconnu? s'enquit monsieur Schneeli.

— Rilke, dit ou plutôt susurra le jeune homme. René Maria Rilke. Il esquissa une révérence un tantinet affectée, au même titre que l'accent sur le E de son prénom.

— Eh bien», dit Schneeli en s'empressant de présenter, comme il dit, sa modeste personne et les messieurs de son escorte. Vogeler, dit-il en prononçant son nom Vögeler, au grand déplaisir de ce dernier, était un artiste hors pair qui réalisait d'ailleurs de remarquables ornementations et illustrations d'ouvrages lui ayant récemment valu la médaille d'or à l'exposition d'arts graphiques de Vienne. Voilà qui devait certainement intéresser un poète comme monsieur, monsieur comment déjà ? Exact, monsieur Rülke. Restait à savoir si le poète s'intéressait davantage à l'ornementation ou à la médaille d'or.

Rilke fit un signe de tête entendu, presque conspirateur, à Vogeler. « Ce serait un honneur pour moi si nous pouvions à l'occasion... »

Schneeli l'interrompit en présentant au jeune homme un étui à cigarettes argenté. « Vous fumez ? Servez-vous, je vous en prie. »

Le moine tendit une main hésitante vers une cigarette russe qu'il laissa allumer par un des membres de l'escorte de Schneeli, inhala avec maladresse, comme si c'était la première fois, et rejeta la fumée en toussotant dans le crépuscule. Un dernier reflet flottait au-dessus des terres et le Ponte Vecchio, où les maisons s'agglutinaient tels des nids, s'étendait comme un ruban noir sur du velours élimé. La ville s'étalait dans les tons marron et gris, les collines de Fiesole portaient déjà les couleurs de la nuit.

« — Impardonnable, dit le peintre suisse, d'avoir oublié mon carnet de croquis.

— Bellissimo », jugea le musicien italien qui les avait rejoints et remplissait les verres vides.

Herr Schneeli hocha la tête pour donner du poids à ses paroles. « Délicieusement décoratif. Envoûtant. Tout simplement grisant. »

Vogeler sentit le regard bleu pâle interrogateur du jeune poète sur son profil et cela lui plut car il jugeait son profil aux favoris bien entretenus plus avantageux, plus artistique que son visage vu de face, juvénile et couvert de taches de rousseur. C'est pourquoi il veillait toujours à ce que les photographies, dessins et portraits le montrent si possible de profil. Malgré cela, il tourna un instant son visage vers Rilke pour déclarer : « On dirait qu'on s'est perdu dans un rêve ».

Le poète acquiesça. Il y avait dans cet échange une compréhension mutuelle, un sourire tourné vers l'intérieur, invisible et néanmoins réciproque. Des étoiles sillonnaient le ciel bleu acier sous forme de pointes d'aiguille incandescentes, tandis qu'un calme grandissant se répandait à flots sur les ruelles et les places.

« — Si un chant mélancolique au son de la mandoline s'élevait à présent d'en bas, dit Rilke comme s'il récitait ou lisait à voix haute, on ne l'attribuerait sans doute pas à un homme, mais à l'harmonie de ce pays et de cette ville étendue qui s'offre si volontiers à nous. »

Le musicien italien ne commenta pas cette phrase non seulement ambiguë, mais aussi en lien avec sa profession. Il ne devait pas comprendre l'allemand.

« — Fabuleux, jugea cependant monsieur Schneeli, une ville étendue qui s'offre à nous, c'est ça. Généreusement. Comme une femme. »

Rilke recracha de la fumée.

« — Il faut dire qu'en tant que poète, le spectacle, le panorama de cette ville doit beaucoup vous inspirer, ajouta Schneeli en connaisseur. Même si je suis d'avis que le véritable artiste trouve assez de matière pour toute sa vie dans un rayon de cinq lieues autour de son pays natal. »

Il y avait là, songea Vogeler, une vérité qu'il connaissait bien. La vérité de Worpswede.

Mais Rilke secoua la tête avec une fougue inattendue et tira prudemment sur sa cigarette. « Nous ne naissons peut-être pas dans notre pays natal, dit-il. Peut-être que tout ce qui est grandiose en termes d'art provient du seul désir de trouver ce pays natal qui nous attend quelque part. Et peut-être en va-t-il de même... avec Dieu ? »

Le dernier mot, le mot ultime était formulé sur un mode vaguement interrogatif. C'est donc bel et bien un moine, pensa Vogeler, un moine poète ? Ou un prêtre poète ? Lui-même n'avait aucun penchant pour la religion. Il était et restait le fils d'un négociant protestant de Brême qui voyait en Dieu et l'Église plutôt le décorum, l'édification morale et la parure d'une vie productive, et non son accomplissement, ni son but. Il y avait néanmoins une parenté dans l'attitude noble et recherchée, dans ce milieu snob et élitiste de la noblesse artistique qui fronçait le nez devant la grossièreté et la lourdeur, créant une sorte de champ magnétique qui attirait le peintre et le poète l'un vers l'autre.

« — Ma foi..., dit monsieur Schneeli d'un air méditatif. Bon, bon. Si vous êtes poète, mon jeune ami, auriez-vous l'amabilité de nous offrir un avant-goût de votre travail ? »

Vogeler avait cru que Rilke refuserait, ferait des manières ou se ferait davantage prier, mais il semblait n'avoir attendu que cela. « Volontiers, dit-il sans ambages, si vous y tenez vraiment. »

Rilke prit sur la table le carnet dans lequel il avait écrit auparavant et le feuilleta comme pour retrouver quelque chose. Le carnet avait une reliure de cuir blanc, sûrement du chevreau, songea Vogeler, incrustée de fleurs de lys. Vogeler aurait bien voulu le prendre en main pour en examiner la fabrication et l'ornementation. Rilke caressa son épaisse chevelure blonde du bout des doigts, émit un léger toussotement un rien affecté, referma le carnet, ferma les yeux et récita par cœur :

Dois-je te décrire les journées
Ou ma chambre au couchant ?
Mes désirs sont déliquescents
Et les anges quittent les musées
Pour hanter mes pensées.
Je ne peux que me taire et regarder.
Me fut-il jamais donné de résonner ?
Et les heures sont des femmes,
À leurs attraits scintillants
et bleutés je me pâme.

Il reposa ensuite le carnet sur la table, saisit son verre et but une gorgée. Personne ne dit rien.

Vogeler trouva le silence plus gênant que solennel. Mais que dire ? Comme c'est beau, monsieur Rilke ?

« — Bien, bien, finit par déclarer monsieur Schneeli en prenant lui aussi une grande gorgée de vin rouge. On ne pourrait pas dire mieux. Femmes et attraits scintillants, donc. » Schneeli poussa un soupir de satisfaction.

Le compositeur italien, qui ne comprenait pas l'allemand, applaudit comme sur commande. « Magnifico !

— Messieurs, s'écria monsieur Schneeli d'un ton résolu en tapant lui aussi dans ses mains, pour finir cette soirée en apothéose, nous devrions nous adonner à ces délices. Pas uniquement en poésie, mais avec les dames du salon de la signora Aretino. Quant à vous, dit Schneeli en s'adressant à Rilke, vous êtes aussi invité, bien sûr.

— Des dames ? Quel genre de dames ? » Le poète semblait déconcerté.

Schneeli donna une tape condescendante sur son épaule étroite et tristement tombante sous le veston un peu trop large. « Eh bien, ce sont des dames qu'on différencie à peine des autres dans la rue. »

Schneeli rit de sa propre blague, le peintre et le compositeur ricanèrent. Vogeler rougit et détourna le regard avec gêne, mais vit du coin de l'œil Rilke mordre sa lèvre inférieure. À l'évidence, il se demandait comment réagir à l'invitation de Schneeli.

« — Et dans le palais de la signora Aretino, on peut à peine les différencier de comtesses. Il y en a même une qui pourrait passer pour une *vraie* comtesse ; c'est en tout cas ainsi qu'elle se voit. Veuve, cela va sans dire. »

Cette fois tous rigolèrent, y compris Vogeler. Seul Rilke garda son sérieux, il semblait non pas réticent, mais songeur et, lorsque les messieurs en pleine euphorie se dirigèrent vers l'escalier, il se joignit à eux. Vogeler en fut étonné. Il ne découvrit que bien plus tard le faible de Rilke pour la noblesse, pour la haute, comme disait Paula Modersohn-Becker, et ce fut sans doute la perspective d'un rendez-vous avec une comtesse, à la réputation et au rang pourtant douteux, qui incita Rilke à accompagner Schneeli et sa suite dans leur promenade digestive et jouissive.

Tout en conversant avec animation, on traversa l'Arno sur le Ponte alle Grazie, on flâna dans des ruelles calmes et un dédale de cours sombres, dont la cadence et la symétrie échappaient à Vogeler qui les mémorisa pourtant sous forme d'ornement inextricable, on alla, de moins en moins loquace, sur des chemins dont le gravier blanc crissait sous les pas, traversant des jardins de monastère ornés de fontaines en fer forgé, longeant des rangées d'églantines et de cyprès aux rêves obscurs jusqu'à un mur en ruine qui s'effritait.

Le compositeur italien ouvrit une banale porte en bois et murmura quelque chose d'incompréhensible. On pénétra dans l'ombre secrète des arcades vétustes d'un palais délabré, on gravit un escalier jusqu'au premier étage où les arcades, encadrées de colonnes, révélaient de petites pièces vides et sombres. Au bout de l'arcade, deux lanternes rouges émettaient une faible lueur, tel un chuchotis de confidences intimes.

Un portier africain vêtu d'un costume maure, pantalon bouffant, veste en velours rouge, énorme turban et souliers à la poulaine, posa la main droite sur son cœur, s'inclina très bas devant l'honorée clientèle et ouvrit la porte du royaume des sens.

La fumée provenant de longs fume-cigarettes et d'épais cigares se mêlait aux parfums lourds et douceâtres et aux arômes de vin pour créer une touffeur tropicale qui coupa le souffle à Vogeler. On entendait quelques notes de piano provenant de nulle part et les dames qui ressemblaient à des dames, étincelantes en sequins, strass et paillettes offrant une vue plongeante sur des gorges rebondies ou des régions d'une horizontalité juvénile, couronnées de plumes de paon et de diadèmes en toc, ondulant sous l'hermine, le vison, le renard argenté et généreusement disposées à ce qu'on délestât leurs épaules de toute cette fourrure, lancèrent des regards avides à la gent masculine qui franchissait le seuil.

Un boy noir en livrée rouge servait des coupes de champagne sur un plateau en argent, tandis que la signora Aretino rafraîchissait les abîmes opulents de son décolleté avec l'éventail dans sa main gauche, tout en offrant sa main droite potelée et surchargée de bagues aux lèvres de monsieur Schneeli.

Les murs étaient recouverts de tapisseries, de petits amours joufflus et de tableaux qui montraient des scènes et motifs érotiques équivoques, voire univoques : poses osées dans des bribes de robes suggestives flottant en arabesques autour de corps ondoyants, femmes en proie à l'ivresse orgiaque, jeunes filles nues affublées de queues de paon, quantités de courbes cachées, corps doux comme le duvet entre des cyprès vibrant comme des phallus, mèches de cheveux qui, tels des sarments, enlacaient et palpaient des tétons en érection, ménades et bayadères lubriques qui, libérées de leurs vêtements dans un ravissement extatique, exhibaient pléthore de chairs affriolantes.

Toute cette pacotille lascive et ce kitsch pornographique côtoyaient néanmoins la Vénus de Botticelli et la vision torride du harem d'Ingres avec ses femmes au bain turc – de simples copies, évidemment, mais très soignées, ainsi que le constata Vogeler de son œil averti. Vénus, nue et pleine de grâce, sortait d'une conque, cachant son sein droit de sa main droite et ramenant de la gauche sur son sexe sa chevelure qui lui arrivait aux genoux.

Une brune mince, dont l'échancrure bardée de dentelle descendait jusqu'au nombril, se glissa aux côtés de Vogeler et colla sa bouche contre son oreille. « Vous êtes artiste ? » demanda-t-elle d'une voix rauque.

Il lui lança un bref coup d'œil, acquiesça, fixa de nouveau le tableau. La brune dit qu'elle était originaire de Bolzano, où elle avait déjà posé pour des artistes. Vogeler l'écoutait à peine. Vénus le regardait. Elle avait des cheveux blonds, plus longs et ondulés que ceux de Martha Schröder, mais tout aussi blonds. La ressemblance était d'ailleurs saisissante entre Vénus et Martha, et il décida de la souligner dès que Martha poserait à nouveau pour lui.

Ne voulait-il pas l'accompagner dans une des chambres ? murmura la brune. Il y avait différents thèmes, les mille et une nuits avec la danse aux mille voiles ? La suite améthyste, en rouge cardinal, pour se glisser dans la peau d'un Borgia ?

Vogeler fit non de la tête. Martha ne sortirait pas d'une conque, mais du lichen, elle n'émergerait pas de l'azur de la Méditerranée, mais des eaux marron de l'Hamme et elle serait pourtant tout aussi nue, tout aussi prometteuse, séduisante et innocente que la Vénus de Botticelli.

Le modèle de Bolzano haussa les épaules, fit la moue, reporta son attention sur le canapé où s'étaient installés Rilke et le compositeur italien, s'assit sur l'accoudoir droit de telle sorte que ses genoux touchent ceux de Rilke et amena à ses lèvres le long fume-cigarette. Debout à gauche du compositeur, un autre modèle qui aurait très bien pu être une dame, ou même une comtesse, versait du vin dans un verre. Le compositeur venait de prendre un luth fixé au mur, de l'accorder et il était en train d'en tirer quelques arpèges.

Ce spectacle faisait l'effet d'un tableau qui s'anime soudain pour surgir dans la réalité – la chair et le sang remplaçant les couleurs de la toile. Vogeler fut pris d'une sensation indéniable de déjà-vu. Quand avait-il assisté à cette scène ? C'était récent. Et où ? Il sentait déjà le doux titillement de la réminiscence lorsque Rilke capta son regard, bondit du canapé comme s'il venait d'être pris en flagrant délit, lissa son veston et se dirigea vers lui.

« — Je me sens un rien déplacé ici, chuchota-t-il. L'air frais me ferait du bien. » Il lança un regard à la fois penaud et provocateur à Vogeler. « Vous venez. »

Était-ce une question ? Cela ressemblait presque à un ordre, prononcé d'une voix douce mais avec une nuance autoritaire à laquelle on n'osait se soustraire. Vogeler hocha la tête et suivit Rilke, ils passèrent devant le Maure plus vrai que nature qui leur fit moult courbettes, et se fondirent dans la pénombre des arcades. L'enchevêtrement des cours et ruelles lui parut encore plus labyrinthique qu'à l'aller. Il ne supportait pas bien l'alcool et il avait beaucoup trop bu ce soir-là. Tantôt l'obscurité scintillait devant ses yeux, tantôt il croyait voir tout en double.

Sur la rive de l'Arno, ils s'installèrent à une terrasse de café proche du Ponte Vecchio. Vogeler commanda un café au lait,

Rilke une infusion de sauge. La situation était gênante. Vogeler craignait que Rilke ne le prît pour un uranien attiré davantage par de gracieux éphèbes que par les modèles et les soi-disant comtesses – Florence étant connue pour être le terrain de jeu des pédérastes. Le pittoresque costume de Vogeler ne lui servirait-il pas à assouvir des fantasmes particuliers ? Mais peut-être que Rilke craignait la même chose ? Ne serait-ce qu'à la façon dont il avait susurré son prénom, René Maria. À moins qu'il ne soupçonne chez Vogeler une morale bourgeoise ou religieuse dépassée ? Mais ne serait-ce pas plutôt le cas chez ce poète au visage monacal ? Ne lui avait-il pas justement ordonné de quitter le salon de la signora Aretino ?

« — On pourrait croire, finit par dire Vogeler, parce que le silence ne faisait qu'accroître la gêne, qu'on a détalé devant ces, euh... ces dames. »

Rilke but une gorgée de tisane, sourit, secoua la tête, reposa la tasse et désigna le Ponte Vecchio. Des arcades situées au milieu du pont permettaient aux passants de jeter un coup d'œil sur le fleuve, la majeure partie du pont étant couverte de petites boutiques en rangs serrés dont les façades arrière surplombaient le pont comme des balcons. « Autrefois, dit Rilke, ces boutiques et ces ateliers appartenaient aux bouchers et aux tanneurs. Les bouchers jetaient leurs déchets puants dans l'Arno, les tanneurs y lavaient les peaux et le cuir tanné à l'urine de cheval. Ce devait être, comme on dit, l'enfer sur terre, jusqu'au jour où la ville ne toléra plus que la présence des orfèvres et des bijoutiers qui, eux, ne produisaient pas de déchets. » Rilke lança à Vogeler un regard entendu, signifiant sans doute : « Vous voyez ce que je veux dire ».

Vogeler acquiesça dans un mélange de perplexité et de connivence, mais le fait est qu'il ne comprenait pas le poète.

Quel lien y avait-il entre les dames douteuses du bordel et ce pont ? Rilke parlait-il en paraboles ? Était-ce un symbole ? Une métaphore ?

Fort heureusement, Rilke ne semblait pas attendre de réponse, puisqu'il poursuivit sur le même ton déclamatoire, pompeux et un rien chevrotant. Et puis, il ne fallait pas oublier que l'expérience charnelle côtoyait le sentiment artistique, la souffrance et la joie de la création. À vrai dire, les deux phénomènes n'étaient que des variantes du même désir et de la même jouissance. Or il fallait justement, en art comme en amour, séparer le bon grain et l'ivraie, distinguer entre le rut et le sexe. Vogeler, en tant qu'artiste, devait bien savoir ce qu'il en était ? Celui qui entendait le sexe au sens large et pur, non suspect aux yeux de l'Église ou de la morale, voyait son art gagner en profondeur et en importance, devenir aussi puissant qu'un instinct originel. Mais il fallait se garder du simple rut. L'érotisme de celui qui n'aimait pas de tout son être, mais juste en tant qu'homme, était impur, éphémère et rendait son art aussi énigmatique que problématique. La peinture contemporaine débordait ainsi de lubricité dénudée, la littérature était envahie par l'adultère, la fornication et autres égarements érotiques. Il aimait autant ne pas citer de noms. Vogeler devait bien les connaître, tous ces pêcheurs en eau trouble.

« — Tout à fait, tout à fait. » Vogeler hocha la tête en guise d'approbation, mais sans savoir à qui songeait Rilke. Et il ne voyait toujours pas le lien entre le Ponte Vecchio et les rapports entre les sexes. Les propos sentencieux de Rilke sonnaient bien, tout en restant vagues. C'était poétique, en tout cas. Son langage, de même que les dessins de Vogeler, tenait de l'exubérance ornementale, du foisonnement floral, libéré de la corvée d'être pertinent, sensé ou même utile. On y discernait l'expérience de la vie et la sérénité, formant un contraste étrange et fascinant avec son apparence juvénile à peine masquée par un duvet de barbe. Voilà sans doute les contradictions qui rendaient le poète si attirant aux yeux des femmes. Quel âge pouvait-il avoir ? Vingt-deux ans ? Vingt-trois ans ? Alors qu'il avait l'éloquence d'un vieux sage.

Le silence régna quelques instants. L'Arno répandait un murmure romantique. On riait aux tables voisines.

« — Ils servent ici une liqueur aux herbes de premier choix », dit Vogeler pour dire lui aussi quelque chose, il s'efforça de prononcer le mot liqueur à la française, mais fut forcé de constater qu'elle franchissait ses lèvres d'Allemand du Nord sous forme de vile likör. « Puis-je vous offrir un verre de, hum, *Likör*... »

Rilke acquiesça et sembla réfléchir un instant avant de déclarer que ce serait un honneur pour lui.

Le serveur apporta de grands verres étroits où scintillait un breuvage marron foncé avec une légère nuance vert menthe. Une teinte difficile à obtenir, songea Vogeler. Ils trinquèrent et burent. L'amertume du médicament, alliée à la douceur de la pâte d'amande, dissimulait le degré d'alcool et lui rappela son enfance, les fêtes d'anniversaire dans la prairie derrière la digue de la Weser. La prairie avait cette même nuance de vert. L'idée lui plut, lui parut poétique et il voulut la partager avec Rilke. « Ce goût me rapp... »

Mais Rilke, après avoir bu une gorgée, puis une deuxième, les lèvres légèrement tremblantes, lui coupa la parole. Le plaisir physique, dit-il, tout comme la sensation pure d'un fruit ou d'une boisson raffinée sur la langue, était une expérience sensuelle, une appréhension du monde, on pouvait même dire la richesse et le lustre de toute forme de savoir. Le problème n'était pas de ressentir ce plaisir. C'était de le gaspiller, de le dégrader en sensation ordinaire pour masquer les fatigues de l'existence.

Vogeler réprima un bâillement. Les paroles de Rilke avaient beau être poétiques et pleines de sagesse, elles n'avaient pas grand-chose à voir avec les expériences très terre à terre de Vogeler. Quel lien y avait-il d'ailleurs entre la vie réelle et la poésie, l'art ? Tout à l'heure, la copie de la Vénus de Botticelli lui avait rappelé la véritable Martha Schröder mais, en voyant Martha Schröder sortir nue et trempée de l'Hamme, il n'avait absolument pas songé à la Vénus de Botticelli.

« — Chez moi, dit-il sur un ton hésitant, une jeune fille m'attend. Ma fiancée, pour ainsi dire » et, même si ce n'était pas voulu, cela justifiait noblement son refus dans les appartements de la signora Aretino. Il ne voulait pas être pris pour un uranien, mais encore moins pour une chiffe molle. Rester fidèle à l'amante lointaine – voilà un motif honorable, un rien petit-bourgeois peut-être, et pas vraiment dans l'esprit de la bohème, mais sincère, au fond.

Rilke sourit. D'un air rêveur ? Absent ? Ambigu ? Il reprit en disant qu'avoir un rapport tendu à la fidélité n'était pas un signe de faiblesse, ni une forme mineure d'érotisme. Toujours est-il qu'une dame l'attendait lui aussi à Berlin, mais pas sa fiancée. C'était un peu compliqué parce que la dame en question...

Rilke ne finit pas sa phrase. S'il percevait des affinités entre Vogeler et lui, il semblait hésiter à exposer d'emblée des détails trop intimes à son nouvel interlocuteur. Sa discrétion comportait néanmoins une pointe de coquetterie car il glissa d'un air important que Vogeler avait sûrement déjà entendu parler d'une certaine Louise von Salomé ?

« — Hum ? Vogeler, songeur, caressa ses favoris blond roux. Euh... »

Cet écrivain de génie, d'une importance capitale, de stature européenne ?

« — Très franchement... »

Celle qui avait écrit *Une lutte pour Dieu* et *Jésus le Juif*, rédigé une étude sur Ibsen et, bien évidemment, chuchota Rilke comme s'il confiait à Vogeler un secret inouï, sur Nietzsche.

« — Ah, cette dame-là, oui, en effet... »

Vogeler commençait à y voir plus clair. Il y a quelques années, des rumeurs avaient circulé dans les salons, académies et ateliers à propos d'un scandaleux ménage à trois entre cette fameuse Lou Salomé et les philosophes Nietzsche et Rée. La dame n'avait-elle pas épousé depuis un professeur berlinois ? Un sinologue, orientaliste ou quelque chose dans le genre ? Et elle serait tout à coup la maîtresse de ce jeune poète inconnu ? N'avait-elle pas au moins quinze ans de plus que Rilke ? Vogeler haussa les sourcils d'un air dubitatif.

Rilke dit qu'il lui arrivait parfois de se prendre pour un chevalier qui, muni de son casque, son armure et sa lance parcourt les contrées, devant surmonter toutes sortes d'épreuves et résister aux tentations, comme ce soir, pour retourner enfin auprès de sa dame de cœur et s'adonner à l'amour courtois.

Voilà qui plut aussitôt à Vogeler. Il vit des images romantiques et féeriques. Le chevalier faisant ses adieux, l'amante en larmes. Le retour au pays, l'étreinte. « La lance fièrement dressée, on rentre chez soi et on enlève enfin son armure », dit-il en sachant qu'il peindrait la scène un jour. « Encore une *liqueur* ? »

Rilke fit non de la tête.

« — Je vous invite », dit Vogeler.

Rilke fit oui de la tête.

Vogeler héla le serveur qui les resservit, puis il leva son verre. « Enchanté d'avoir fait votre connaissance. »

Ils trinquèrent avec leurs verres épais. Un clac sourd.

« — Tout le plaisir est pour moi, très cher. »

Vogeler eut le sentiment d'avoir trouvé un proche, peut-être un ami. « Si votre chemin vous mène en Allemagne du Nord, venez donc à Worpswede.

— Et si vous passez par Berlin, j'en serais très honoré », dit Rilke.

Vogeler paya la note.

Tandis que Rilke traversait le Ponte Vecchio et retournait d'un pas chancelant à sa pension située sur l'autre rive de l'Arno, Vogeler zigzagua jusqu'à son hôtel situé de ce côté-ci de l'Arno. Il fixait le sol pour éviter les obstacles et les ornières. La ruelle non pavée était jonchée de pierraille et de gravier. Il crut voir des empreintes de pas partout, des traces qui remontaient le temps, remontaient à la nudité insouciante et joyeuse de Botticelli, Giorgione et du Titien. La sensation de déjà-vu qui l'avait assailli en contemplant Rilke sur le canapé du bordel resurgit. Était-ce en lien avec le Titien? Les traces remontaient plus loin encore, à l'époque des contes et légendes, où de gentes dames attendaient des messieurs aux lances érigées et aux armures en liquéfaction, et plus loin encore jusqu'à l'Antiquité et ses bacchantes ondulant sous des voiles transparents. Il sentait qu'il lui suffisait de suivre ces empreintes pour arriver enfin vers ce qui l'attirait.

Une fois à l'hôtel, il s'affala tout habillé sur son lit. La chambre tournoyait autour de lui, des bancs de brume traversaient la pénombre jaune. Il voyait double. Triple. S'il fermait les yeux, il y voyait plus clair. La vie n'était-elle pas d'ailleurs plus simple quand on avait les yeux fermés? Quel était ce tableau où Rilke avait atterri? Deux hommes assis, l'un deux joue du luth. À gauche et à droite, une femme. Nue. Et qui, au juste, avait servi de modèle à Botticelli pour sa Vénus? Sa fille? Ou sa nièce? Ou Martha Schröder? Le jour où Vogeler peindrait son chef d'œuvre, il faudrait que tout le monde y figure – Martha et Paula et Otto et peut-être même cet étrange Rilke. René Maria. La nièce de Botticelli, deux dames nues, au moins deux, issues du harem de la signora Aretino, sans oublier: des musiciens. Les musiciens étaient importants. Son chef d'œuvre serait un concert, justement parce que la musique ne se laissait pas peindre. Un concert? Botticelli n'en avait-il pas déjà peint un? Ou le Titien?

Sur quoi Vogeler sombra dans un sommeil profond et sans rêves jusqu'au matin. Un bruit de roues le réveilla, un crissement dans les gravats du temps, dans le gravier...

⁂

… de la cour où Stine, la bonne, pousse le landau où repose la petite Bettina. Marie-Luise, surnommée Mieke, vêtue d'une robe blanche, joue avec un jeune voisin sur le terrain ensablé et ensoleillé sous le pignon de la maison. Vogeler embrasse ses enfants sur le front, souhaite le bonjour à tout le monde et prend des nouvelles de Martha.

Stine répond que la maîtresse de maison est indisposée, une fois de plus, il a fallu qu'elle se recouche juste après le petit-déjeuner. « C'est ben comme ça dans c't'état-là, quand on a une brioche au four. » Stine pousse un soupir de compassion, comme si elle-même était enceinte. « Mais le p'tit déjeuner attend m'sieur Vogeler dans la cuisine et y'a la cloche qu'est posée sur la caf'tière. »

Il rentre dans la maison, se coupe une tranche de pain noir qu'il tartine de beurre et garnit de lard, verse le café tiède, non pas dans la tasse en porcelaine prévue à cet effet, mais dans un gobelet en étain à l'émail cabossé. Il retourne à l'air libre, s'assoit sur le rebord en bois du bac à sable, mange et boit en observant les enfants.

On en apprend davantage dans les aires de jeux qu'à l'Académie. Une feuille de tussilage en forme de coquille, à laquelle la nature a donné la courbure d'une calèche et reposant sur des roues rouges faites à partir de rondelles de carottes, accueille une dame distinguée mais insouciante, nonchalamment allongée et vêtue d'une robe rose violet en feuilles de mauve, son visage jaune de marguerite ceint d'une couronne de pétales blancs. La tige du tussilage forme le timon, près duquel avancent des bêtes de trait exotiques, créatures fantastiques en pommes de terre avec pattes en brindilles et yeux ronds en groseilles. Les jeux sont les œuvres des enfants, qui font de chaque œuvre un jeu. Vogeler leur envie cette légèreté, cette capacité à devenir ce à quoi ils jouent. Les enfants ne savent pas encore faire semblant, ils ne comparent pas, ne font pas de différence entre le monde et eux. Ils vivent dans ce royaume où tous les vœux se réalisent et où l'imagination triomphe de la réalité.

Stine chantonne une berceuse et remue le landau en cadence, d'avant en arrière.

«Bzzz, bzzz, endors-toi, mon petit!
Sous le soleil et la lune, tout pousse et grandit.
Jaillissent alors l'herbe et la fleur
ornée de mille couleurs.
Bzzz, bzzz, endors-toi...»

Toujours sur le même rythme soporifique, d'arrière en avant. L'idylle de Vogeler, mesurée au cordeau, façonnée jusque dans les moindres recoins des parterres de fleurs, jusqu'aux cols en dentelle des enfants, cette jolie et harmonieuse machine de vie ronronne comme un mécanisme soigneusement lubrifié.

Il mâche tout en réfléchissant, avale son pain noir. Tout cela est bien trop beau et trop bien huilé. Il le pressent. Non, il le sait déjà. C'est difficile de maintenir sans cesse l'harmonie. Une fissure traverse cette intimité familiale créée de toutes pièces. Il a conçu et construit une maison dont la façade donnant sur le jardin, avec son pignon arrondi et son perron monumental, veut en mettre plein la vue et signale l'œuvre d'art. Mais, dans l'autre partie de la maison, à laquelle on accède par l'entrée latérale qui était autrefois la seule, la pièce commune témoigne, dans sa sobriété fruste, du penchant de Vogeler pour les choses simples et l'intégrité de l'artisanat.

Quand le vernis va-t-il se craqueler ? Quand la beauté devient-elle décoration et machinerie, quand vire-t-elle au mensonge ? Quand l'ornementation florale va-t-elle proliférer jusqu'à devenir de la broussaille si touffue qu'on ne verra plus le chemin ? Quand est-ce que le romantisme de ces colonies bucoliques d'artistes, telles que Barbizon ou Worpswede, se révélera être un artifice arrangé, une mascarade lucrative pour un public nanti qui rêve d'authenticité rurale, mais habite en ville ?

« Bzzz, bzzz, endors-toi, mon petit... »

Quand Rilke évoque les villes en parole ou à l'écrit, il les décrit comme des maisons de fous ou des hôpitaux géants, des déserts de pierres factices, bruyants, agités et puants, des repaires de Béotiens et pantins toqués de mode, où les hommes sont réduits à l'esclavage industriel. De même que la langue, dit-il, n'a plus rien à voir avec les choses qu'elle désigne, de même les gestes des hommes vivant dans les grandes villes perdent le rapport à la terre, se figent en quelque sorte dans l'air putride des cheminées et conduits, sont maladroits et ne savent plus quelle est leur place. Peut-être avait-on bâti les villes pour ne pas voir la beauté de la nature et se laisser aveugler par la nature artificielle d'une mer de maisons ? Contrairement à la campagne, la vraie ! En particulier Worpswede ! C'était là qu'on trouvait l'intarissable et la grandeur, la lumière et l'espace, la vie et la vérité. La nature ! Ah, Rilke... À peine rentré de Paris, Rome ou Berlin, il ne songe qu'à retourner là-bas, s'extasie sur Paris, ah oui, Paris, Notre-Dame et les ponts et le Jardin du Luxembourg et surtout Rodin, ce génie qui tient du demi-dieu, et ainsi de suite...

« Bzzz, bzzz, endors-toi... »

Le vent printanier amène la fragrance des fleurs et des feuilles de bouleaux, mais aussi l'odeur soudaine du purin et des bouses de vache. On est en train de nettoyer une étable quelque part. L'intarissable et la grandeur. Ah ! Vogeler ricane. En ville, c'est l'inverse. On y trouve aussi des parcs tranquilles et des jardins parfumés, pas uniquement le bruit et la puanteur des gaz d'échappement...

⁂

... et des nuées de lignite, ombres invisibles et délétères qui sillonnaient un mois de novembre berlinois froid et humide lorsque Vogeler arriva à la gare de Lehrte. À l'hôtel, il retira sa tenue de voyage simple et confortable, usée à force d'être utilisée, pour enfiler son costume Biedermeier dont il releva le col, puis il noua son foulard avec soin jusqu'à ce qu'il parût enroulé en toute simplicité autour de son cou, il piqua l'épingle en brillant dans le nœud et posa son béret en velours sur ses cheveux. Un dernier coup d'œil dans le miroir, sceptique mais approbateur. C'est ainsi qu'on le connaissait dans le monde. Et il se plaisait ainsi – à l'époque du moins, il se plaisait encore dans cette chrysalide.

En fin d'après-midi, les réverbères étaient déjà allumés, mais il avait encore le temps de se rendre à pied à la galerie. Il décida néanmoins de prendre un fiacre pour apporter une touche de distinction à son apparition. Certes, on n'exposait pas ses propres œuvres, mais sa réputation allait désormais jusqu'à Berlin et la bohème berlinoise était connue pour s'intéresser de près au style et à la mode. Lorsqu'on débarquait du fin fond de la province du Teufelsmoor, on avait tout intérêt à annoncer la couleur. Évidemment, il aurait été plus impressionnant encore d'arriver dans sa propre voiture, sa cravache sous le bras, d'un air fringant et nonchalant. Cela ferait un sacré effet.

Et Rilke ? Quelle tenue et quelle attitude allait-il adopter ? Il y a six mois, à Florence, il avait révélé un mélange intéressant de génie juvénile et de simplicité monacale, d'ambition arrogante et de sensibilité poétique. Vogeler lui avait annoncé par lettre sa venue à Berlin pour l'exposition et Rilke avait répondu qu'il se trouverait dans la galerie, se réjouissait de le revoir et espérait que Vogeler lui rendrait visite dans sa « modeste cellule » le lendemain. L'écriture de Rilke était étonnamment soignée et aurait presque pu passer, dans sa préciosité, pour celle d'un illustrateur ou d'un dessinateur de métier. Le discours monacal au sujet de la modeste cellule correspondait parfaitement à l'écriture, les moines ayant été pendant des siècles les seuls à la maîtriser.

En tout cas, Vogeler était impatient – impatient de voir Rilke, mais bien sûr aussi l'homme dont l'exposition justifiait son voyage à Berlin. Vogeler voulait voir s'il pouvait inciter le dénommé Fidus à participer à la future revue *Insel*, dont Vogeler serait directeur artistique à partir de l'année prochaine.

L'affluence régnait à l'entrée de la galerie de Fritz Gurlitt située dans la Behrenstraße. Fiacres, calèches et automobiles déversaient ces amateurs d'art, qui avaient longtemps gagné beaucoup d'argent et se considéraient désormais comme membres d'un monde où l'on se contentait de le dépenser. Ils étaient parés de leurs épouses qui, ne comprenant rien aux affaires des hommes, avaient pour seule mission d'être belles, et d'une jeune génération qui, tout en n'ayant jamais gagné elle-même le moindre pfennig, faisait valser les gros billets. C'est à pied, ou à vélo pour les plus téméraires, qu'apparurent la catégorie modeste des universitaires de la bourgeoisie cultivée et ses collègues artistes issus de la bohème plus ou moins sans le sou. Rilke ne faisait pas partie du lot.

La galerie fut envahie par un bruit de froissement et de piétinement composé de gens poussés et se poussant les uns les autres, de jupes comprimées en soie et mi-soie, par des bourdonnements, rires, claquements, cliquetis et babillages. Si les poupées coquettes et les anges de salon dominaient encore parmi les dames, le mouvement de «Réforme de la vie» avait aussi atteint la mode. L'élégante décontraction des robes réformées, libérées des conséquences néfastes des soutiens-gorge et des corsets, attirait des regards admiratifs, voire concupiscents. Ces robes non cintrées, qui allaient des épaules jusqu'au sol, conféraient à certaines dames une allure hiératique et majestueuse, comme si elles sortaient d'une mosaïque antique ou d'une tapisserie médiévale. Vogeler y vit une confirmation de son art parce qu'il peignait toujours sa bien-aimée Martha dans ce genre de tenues. La plupart des messieurs était habillée de façon plus conventionnelle, mais on apercevait ici et là des éléments de costume traditionnel, des pantalons courts et des knickerbockers, signaux textiles de l'humeur voyageuse d'une jeunesse qui rêvait de franchir les murs des villes grises pour retourner dans la nature. Bérets inclinés hardiment sur le front et foulards flottants révélaient les professions artistiques. Un jeune homme aux cheveux en bataille portait un tablier constellé de taches de peinture, comme s'il était encore à l'instant aux prises avec la lumière et la toile, la couleur et le vernis, la muse et le modèle.

Certains hommes s'apparentaient au genre féminin, certaines femmes au genre masculin. L'un d'eux portait une veste sans col, bordée d'un liseré argenté et traversée par une écharpe nouée en cravate et qui semblait faite de fleurs de pommier. Le pantalon, aussi large qu'une jupe, était digne des braies d'autrefois. L'homme avait des cheveux mi-longs châtain clair, coiffés en une seule grande ondulation. À l'inverse, une des femmes laissait émerger de ses cheveux plaqués à la garçonne au niveau des tempes un bout de peigne tel un diadème, tout en étant engoncée dans un frac noir avec plastron amidonné et col relevé. Des jeunes filles à l'allure de fées en tailleur noir, tablier blanc et coiffe en couronne, offraient du mousseux et du vin sur des plateaux d'argent.

Vogeler, dans son costume de prince artiste Biedermeier qui, partout ailleurs, faisait sensation et suscitait des messes basses ne se fit pas remarquer outre mesure dans la galerie de Gurlitt. L'espace d'un instant, il eut la nostalgie de Worpswede, sa tenue de travail grossière, ses galoches et la fumée de tourbe, à la place de la nuée de parfum, la brume de mousseux et l'épaisse fumée de cigare qui surplombaient la mêlée. Il se hissa sur ses talons, tendit le cou à gauche et à droite, mais ne vit Rilke nulle part.

La quête de naturel de cette Réforme atteignait là ses limites naturelles, les œuvres exposées montrant toutes sans exception des personnes nues de sexe féminin et masculin dans un rendu très réaliste de leurs attributs physiques, s'enlaçant dans des poses exaltées, s'orientant vers l'acte charnel, l'accomplissant ou se reposant une fois le désir satisfait, avant de s'unir à nouveau. *Nuit de grâce* et *Songe du roi*, *Éveil du matin* et *Mère nuit*, tels étaient les titres des tableaux. Même *Ève, mère des hommes*, n'avait pas droit à une feuille de lierre de la part de maître Fidus et ses paysages intitulés *Enlacement général* ou *Matin de Pâques*, composés uniquement d'arbres, étaient encadrés de corps extatiques enlacés. Vogeler, pour sa part, donnait une dynamique et des lignes ondulantes à sa frise de vignettes et de dessins grâce à un riche enchevêtrement de feuilles et vrilles de lys et de lianes, de nénuphars, de coquelicots et d'alchémilles, tandis que chez Fidus, quantités de petits personnages nus comme des vers tournoyaient et dégringolaient les uns sur les autres en marge des tableaux, formant les ornements d'un désir amoureux et physique sans entrave ni inhibition.

Vogeler était tout sauf prude et il appréciait la peinture de nus parce qu'il voulait ressentir le modelé d'un corps pendant qu'il travaillait à ses dessins et tableaux. Il tentait de capturer, non pas l'apparence pittoresque, mais l'aspect organique, la structure, la forme; comprendre l'homme dans la nature en tant qu'élément de la nature – tel était son credo. Mais, comparée à certains tableaux qu'il avait vus à Paris, et notamment *L'Origine du monde* de Courbet reposant presque honteusement contre un mur, la production de ce dénommé Fidus était beaucoup trop directe, indiscrète, vulgaire et dénuée de romantisme, l'exécution maladroite, naïve, digne d'un amateur. Cet homme, en tout cas, ne ferait pas l'affaire pour son projet de revue, Vogeler le sut en quelques coups d'œil experts – d'autant qu'il perçut les regards lubriques d'un public issu des beaux quartiers et de milieux favorisés, qui était loin d'éprouver un plaisir purement esthétique dans sa contemplation tout sauf désintéressée de ces tableaux.

Certains collègues artistes, étudiants des beaux-arts et faux artistes papillonnaient néanmoins d'une toile à l'autre, levaient le pouce à distance de leur visage en contemplant l'œuvre de part et d'autre, parlaient technique en se donnant de grands airs.

«— Une surface phénoménale...»

Une matrone corpulente, aux formes maintenues tant bien que mal par plusieurs corsets, s'éventait avec son éventail et dit en soupirant: «Je sens bien que tout cela provient d'une seule excitation, le jaillissement...»

« Une perspective colossale... »

« ... le jaillissement d'un désir douloureux. »

« Un rut génialement maîtrisé sur le plan pictural... »

Un monsieur maigre avec un bouc, le cigare au coin des lèvres, les yeux plissés pour faire écran à la fumée, riait sous cape à chaque geste et à chaque jugement des artistes. Il se tapa soudain sur les cuisses, en proie à un rire déchaîné. « D'la cochonnerie, tout ça », dit-il à bout de souffle en désignant les *Joueuses à la balle*, deux mineures nues dont l'innocence prétentieuse était particulièrement aguichante.

« Une volupté tout en pudeur servie par une brosse délicate... »

« Mais d'tout premier ordre, j'dirais. Je m'l'achète. Pour mett' au'd'ssus du lit. »

Rilke était toujours invisible. À moins qu'il ne soit pas venu ? Ou que, embarrassé par le cirque ridicule des vanités, il ait détalé devant ce fatras de concupiscence emphatique et de lubricité pseudo-mythologique ? D'ailleurs, songea Vogeler, Rilke aurait eu parfaitement raison.

Un gong retentit, le brouhaha se calma et le galeriste Gurlitt, ainsi que l'artiste en personne, apparurent en haut de l'escalier. L'artiste avait les cheveux dénoués et longs jusqu'aux épaules, des yeux marron dans un visage doux avec une barbe souple mais, contrairement à ses nudités héroïques, c'était un petit homme presque chétif qui n'en imposait guère, vêtu d'une robe antiquisante dont le drapé descendait jusqu'au sol. Fidus ressemblait ainsi à un faune habillé d'après l'une de ses propres esquisses ou au grand prêtre nain d'une secte qui restait à fonder.

À l'opposé, Fritz Gurlitt portait une tenue clairement bourgeoise ; avec son complet-veston marron chiné et sa chaîne de montre en or sur son gilet, il aurait pu passer pour un maire de canton ou un professeur de lycée. Mais, pour surclasser Fidus et la troupe d'artistes aux tenues truculentes, il aurait fallu que Vogeler se montre en costume d'Adam – cela dit, songea Vogeler avec un sourire en coin, Gurlitt ne faisait pas d'art, il s'en servait juste pour s'enrichir.

Après un dernier chut, un silence déférent s'installa. Le galeriste se racla bruyamment la gorge, exprima sa joie et sa satisfaction à la vue d'un public si nombreux, cita nommément quelques personnes présentes particulièrement riches, connues ou honorables, remercia l'artiste qui avait accepté de venir en personne – un tonnerre d'applaudissements éclata, Fidus s'inclina en souriant humblement –, demanda à l'assemblée ce que pouvait signifier le titre énigmatique de l'exposition, *Drame de l'âme double*, et fournit aussitôt la réponse, à savoir que la notion d'âme double représentait les principes masculin et féminin, éternellement séparés mais sans cesse attirés l'un vers l'autre, que cette âme s'exprimait par le langage du corps et des membres, le tout magistralement illustré par les représentations de Fidus, le fidèle, suscitant des révélations qui, de par leur beauté et leur pureté, incitaient impérativement à s'engager dans de nouvelles voies, afin que l'idéal d'un être de lumière, cette future race européenne avec sa chevelure dorée, ses yeux bleus, ses lèvres rouges, ses dents blanches et ses corps comme tendus vers le triomphe, pour que cet idéal, donc, devienne réalité et...

Mais qu'est-ce que c'était que ce charabia ? Et où cet homme voulait-il en venir ? Vogeler fronça les sourcils, secoua la tête. Ces prétendus aficionados d'art étaient-ils obligés de fonder une nouvelle religion pour acquérir en toute bonne conscience de la quasi-pornographie aussi banale, dissimulée derrière la feuille de vigne d'une théorie douteuse – « pour mett' au'd'ssus du lit » ? Auquel cas on trouvait davantage son compte avec les photographies et dans les revues et dépliants spécialisés que certains libraires gardaient sous leur comptoir. Et si tant est que le pinceau et le crayon attirent l'artiste vers ces régions, le résultat devait être aussi gracieux et innocent que sur certaines fresques de Pompéi. Ou avoir la même virtuosité que Courbet et sa *Femme aux bas blancs*, sans parler de *L'Origine du monde*, l'œuvre la plus osée que Vogeler ait jamais vue. Ou alors il fallait être aussi génialement culotté qu'Aubrey Beardsley dans ses illustrations pour la *Lysistrata* d'Aristophane – l'art du dessin à son apogée, impudiquement érotique, tout en étant satirique. Vogeler admirait cet Anglais qui avait son âge et lui était pourtant vingt fois supérieur ; son admiration était si grande que Vogeler le plagiait involontairement sur certaines estampes. Cela aurait été un sacré coup de gagner son concours à lui pour la revue *Insel*, mais Beardsley était mort de tuberculose six mois auparavant – à vingt-cinq ans à peine.

Vogeler avait fini par se dégager de la foule des fidèles, amassée sous la descente d'escalier, lorsqu'il aperçut soudain Rilke. Frêle, presque chétif, le coude de la main droite appuyée sur la main gauche et le menton dans la main droite, il semblait perdu dans ses pensées devant un tableau bordé d'un prétentieux cadre en bois, tel un autel, et recouvrant presque tout le mur. La toile représentait un homme nu de dos et une femme nue de face qui se dirigeaient l'un vers l'autre dans une sorte de flottement, se réjouissant sans doute de l'union imminente des corps. L'étendue de la joie anticipée était difficilement quantifiable, l'homme n'étant visible que de dos. La délivrance ou l'accomplissement n'auraient cependant pas lieu, le couple étant empêtré dans des filets qui empêchaient son union.

«— Monsieur Rilke! Vous voilà», chuchota Vogeler en lui tapotant sur l'épaule pour ne pas interrompre le discours de Gurlitt.

Le poète se retourna lentement, comme s'il sortait d'un songe. Il portait des guêtres jaunes, un pantalon noir et un gilet montant en soie noire avec une croix argentée suspendue à une chaîne. Lui qui avait tout d'un jeune moine à Florence jouait ici le rôle du prédicateur dandy de sa propre religion. Il scruta Vogeler de ses grands yeux bleu vert, comme pour se rappeler à qui il avait affaire. «Ah ah, mon cher Heinrich Vogeler», murmura-t-il à travers son épaisse moustache au tombé mélancolique, puis il lui tendit la main, «quelle joie de vous voir à Berlin.» Sa poignée de main était molle.

«— Tout le plaisir est pour moi.» Vogeler acquiesça en souriant. «Dites-moi, demanda-t-il avec précaution, que pensez-vous de telles..., il se racla la gorge, désigna l'exposition, de telles... choses?

— Des vérités profondes se transforment ici en événements», déclara Rilke d'un ton mielleux avant de se retourner vers le tableau. Une pancarte en indiquait le titre: *Âmes – cellule individuelle*. Un texte en lettres capitales imitant des runes était gravé dans le cadre:

LORSQUE MA VIE A SUIVI LE CHEMIN DES ÂMES EXALTÉES * UNE LUMIÈRE TRÈS CHÈRE M'EST APPARUE * MAIS JE N'AI PU LES ROMPRE * CES MAILLES GRISES ENTRE MOI ET LUI *

«— Ah... oui?»

Vogeler était déconcerté. Lorsqu'il s'agissait de peinture, il le savait par expérience, les écrivains n'étaient pas toujours compétents ou d'un goût sûr, ils se laissaient volontiers piéger par la recherche d'effets et le calcul. À l'inverse, certains peintres ou sculpteurs s'enthousiasmaient pour des romans et des poèmes qui étaient tout sauf des chefs d'œuvre. Vogeler ne savait que trop bien combien il était facile de devenir une âme exaltée face à des choses auxquelles on ne comprenait rien. Sans parler des musiciens et des compositeurs ! Ce kitsch innommable qu'ils acceptaient comme libretti et décors pour leurs opéras ! Seul le rôti cuisant dans son propre jus était vraiment goûteux, à chacun son métier et les vaches seraient bien gardées. En tout cas, Vogeler était perplexe en entendant Rilke, qui étudiait quand même l'histoire de l'art ou l'avait du moins prétendu à Florence, parler de vérités profondes au vu de ces barbouillages émoustillants.

Rilke parut sentir son désarroi et tenta de s'expliquer. La fécondité, qu'elle fût intellectuelle et artistique ou bien physique, était toujours la même, puisque la production artistique était issue de la procréation, telle une reprise subtile de la félicité physique. Engendrer, sculpter, écrire étaient des activités merveilleusement enrichissantes parce qu'elles faisaient renaître des milliers de nuits d'amour oubliées. Et ceux qui se retrouvaient durant ces nuits, s'entrelaçaient comme des nœuds tressés avec art par les muses et se balançaient au gré d'une volupté ondoyante, ceux-là accomplissaient un travail sérieux et recueillaient les douceurs, la profondeur et la force pour leurs œuvres futures.

Quelques dames attirées par le trémolo oratoire de Rilke s'étaient approchées et prêtaient avidement l'oreille à ses épanchements poétiques.

Mais Vogeler avait la tête qui lui tournait. Que voulait dire au juste Rilke avec son prêche ? D'après lui, le désir physique était assimilable au vouloir artistique, la procréation à la production artistique ? Un enfant serait donc une œuvre ? Au même titre qu'une peinture ou un poème ? Et quel rapport avec ce piètre tableau, avec des âmes exaltées et de mystérieuses mailles grises ?

« — Ma foi, cher monsieur Rilke, si vous le dites... »

⁂

« Bzzz, bzzz, endors-toi, mon petit, bzzz, bzzz, bzzz... »

Des âmes exaltées – séparées pour toujours par des mailles grises ? L'amour comme fusion de deux âmes – une illusion, une Fata Morgana née du plaisir et de la passion ?

Tant que dure l'exaltation des corps, tout est très simple. Le résultat repose tôt ou tard dans un landau et fait de beaux rêves, promené, bercé et endormi au son d'une berceuse, bzzz, bzzz, endors-toi, ou bien il hurle et on le met au sein. Puis les enfants grandissent, regardent le monde de leurs grands yeux et jouent avec des fleurs dans le sable. Ils donnent du travail, c'est certain, ils coûtent de l'argent et parfois ils créent des soucis et du chagrin, mais c'est quand même un bonheur et une grande joie dans la vie – et ils nourrissent aussi l'inspiration.

Chez Rilke, tout est différent, bien sûr. Un jour, il a déclaré froidement à Martha qui était justement enceinte que sa propre fille ne lui procurait pas vraiment de joie ; elle était « trop difficile ». Mais que c'était néanmoins la vie qui s'adressait à lui à travers sa voix fluette et étrangement mélodieuse.

Ce poète est si glacial quand il parle de son enfant, cette petite Ruth tout intimidée qui doit vivre chez ses grands-parents parce que ses parents n'ont pas d'argent, ni de place, ni de temps pour elle, parce que les Rilke sont souvent en voyage, que Rilke soumet sans cesse sa femme au joug du travail et s'inflige des coups de fouet métaphoriques pour se mettre à l'ouvrage comme s'il se rendait au fond de la mine. « Elle me ressemble tout à fait quand j'avais son âge. » C'est encore ce qui lui vient de plus tendre au sujet de son enfant, étant donné qu'il n'aime que lui-même. Et il cache son amour-propre derrière le costume du travail, sous le maquillage de l'œuvre.

« Jaillissent alors l'herbe et la fleur
ornée de mille couleurs... »

Le jour où Paula s'est plainte de la rupture des amitiés de longue date après le mariage de Clara avec Rilke, ce dernier lui a écrit une lettre dans laquelle il l'a sermonnée par un baratin prétentieux : selon lui, une relation entre deux êtres impliquait – et c'était là sa mission la plus noble – que chacun préserve la solitude de l'autre et lui donne l'occasion d'en jouir.

« — C'est affreux, avait dit Martha en soupirant lorsque Paula lui avait lu la lettre. Et voilà Rilke qui se remet à pérorer. Comme c'est affreux pour la pauvre Clara. Elle doit avoir l'impression d'être en prison. »

Paula a acquiescé, resservi du thé, puis elle a regardé Martha avec sérieux en disant : « J'ai parfois l'impression, moi aussi, que le mariage ne rend pas heureux. Il enlève l'illusion qu'il existe une âme sœur. Est-ce qu'on ne ressent pas doublement l'incompréhension dans un mariage, puisque notre vie d'avant consistait à trouver quelqu'un qui nous comprenne ? Est-ce que ce ne serait pas mieux de vivre sans cette illusion ? Les yeux dans les yeux avec une vérité solitaire ?»

C'est en tout cas ce que Martha lui a rapporté. Vogeler n'a pas assisté à l'échange entre elle et Paula à la robuste table de cuisine chez les Modersohn-Becker, mais les messes basses, le bouche à oreille de Worpswede l'ont colporté et le tout se mélange à ses propres images et fantasmes. C'est un peu comme un tableau : l'important, ce n'est pas ce qui se passe réellement, un reflet précis de la réalité, ce sont les impressions, les éléments qu'on retient pour le futur tableau.

«*Bzzz, bzzz, bzzz...*»

Dans un mariage, selon Rilke, il s'agirait donc simplement de respecter et protéger la solitude de l'autre pour permettre la naissance des œuvres et aussi parce que la fusion n'existe pas et que les âmes s'empêtrent dans de funestes mailles grises. Sont-ce là les vérités profondes évoquées par Rilke à mi-voix à l'époque, tandis qu'ils contemplaient ensemble, Vogeler perplexe, Rilke ému, le tableau de Fidus ? L'amour, la passion et le désir, l'érotisme et l'union des corps, définie depuis peu par un terme scientifique en tant que sexualité, ont de fait un lien étroit avec l'intuition et la productivité artistique. Vogeler le sait parfaitement. Car dans l'inspiration, ce titillement qui précède la réussite et l'accomplissement, nous nous révélons à nous-mêmes, tout en sentant bien que quelque chose nous dépasse. Une force étrangère et mystérieuse intervient, dirige les regards, guide la main, peint elle aussi.

Le sentiment amoureux qu'il a ressenti au début pour Martha se rapproche de cet état, un transport, un raz de marée sentimental qui emporte tous les doutes. Et lorsqu'elle a fini par se donner à lui avec timidité, mais aussi curiosité et avidité, sous un ciel d'été dégagé au bord de la rivière entre les herbes et le lichen, et qu'il était grisé par la sensation de pouvoir inlassablement puiser en lui et se répandre – ne s'est-il pas senti lui aussi victime d'une force étrangère qui ne provenait pas de Martha ? Il en est de même avec le pouvoir de l'inspiration. Quand on peint une toile, on est contraint de se rapprocher de plus en plus des choses, qui se déforment et deviennent du jamais vu, du méconnaissable. Et quand on s'approche de la finalité du désir, n'a-t-on pas de plus en plus de mal à comprendre en quoi consiste cette finalité ? Deux âmes exaltées qui se sondent l'une l'autre pour n'en faire plus qu'une, c'est une idée romantique – mais au bout du compte, chacun ne trouve que lui-même et perd l'autre. L'onanisme dans le coït, pour ainsi dire. Rilke se contente d'envelopper le tout dans des tournures plus nobles lorsqu'il dit que le véritable sentiment d'appartenance n'existe que dans les interruptions rythmiques de profondes solitudes. L'amour – juste une variété étiolée d'expérience créatrice ?

« Bzzz, bzzz, bzzz… »

N'est-ce pas exactement l'inverse ? N'est-ce pas l'amour, le transport amoureux qui enflamment l'intuition et rendent créatif ? Serait-il d'ailleurs resté à Worpswede s'il n'avait pas fait la connaissance de Martha Schröder, il y a dix ans, un jour de printemps comme celui-ci…

⁂

… avec des prairies vert émeraude éclatantes de fleurs, des troncs de bouleaux d'un blanc étincelant dans les marais et des nuages plus blancs encore dans le bleu du mois de mai.

Après avoir terminé ses études à l'Académie, Vogeler passa un temps à Paris, rendit visite à des artistes dans leurs ateliers sur la butte Montmartre, admira des tableaux de toutes les époques dans les musées et galeries, comprit la notion de grâce devant un Botticelli et le modelage de la matière par la couleur devant *Le Bœuf écorché* de Rembrandt. Un jour, son ami Robert l'emmena chez un marchand d'art qui gardait dans son arrière-boutique un tableau de Courbet tel un précieux secret. Il reposait face cachée contre le mur.

Lorsque le marchand retourna la toile d'environ 50 centimètres sur 50, il dit en souriant: «Et voilà, messieurs: *L'Origine du monde*».

Vogeler se figea, pâlit, puis devint écarlate, il sentit ses genoux se dérober sous lui et manqua d'air comme quelqu'un en train de se noyer. *L'Origine du monde* représentait le vagin ouvert d'un torse de femme, peint avec une précision microscopique et une délicatesse inouïe, non pas impudique, mais libéré de toute fausse pudeur. C'était réaliste au poil près, tout en étant incroyablement irréel.

Invendable, bien sûr, dit le marchand, et on ne pourrait sans doute jamais l'exposer en public non plus. Quel gâchis. Il haussa les épaules et retourna la toile contre le mur.

Sous les pyramides flamboyantes des châtaigniers en fleurs et au son des accordéons, des violons et des mandolines, ils mangèrent, burent, rirent et dansèrent le soir même dans le Quartier latin avec des étudiants, des artistes de la bohème, leurs amies et leurs femmes, et Vogeler fut enivré par un sentiment de liberté. Tel un arbre dont la sève jaillit dans le tronc et la cime après les mornes et interminables journées d'hiver, Vogeler était rempli d'une énergie inexplicable et irréfutable, d'un sentiment de bonheur sans pareil. D'où venait cette force ? Et pourquoi l'assaillait-elle maintenant ? Parce qu'il avait ses études derrière lui et, devant lui, la liberté et la vie. Parce que le tableau de Courbet lui avait dit en silence que la liberté de l'art était illimitée et que l'art, l'amour et la vie s'abreuvaient à la même source.

Lorsque Vogeler, de retour à Brême, voulut rendre visite à son collègue Fritz Overbeck, ce fut sa vieille mère qui lui ouvrit en disant que son p'tit Fritz, hélas, trois fois hélas, était parti rejoindre d'autres artistes dans les marais de Worpswede. Qu'est-ce que c'était encore que cette frasque ? S'installer volontairement dans le Teufelsmoor ? La vieille dodelina de la tête. Ça ne nourrissait pas son homme, tout ça. Des lubies d'artistes. Que m'sieur Vogeler n'aille surtout pas suivre leur exemple et qu'il entre plutôt dans l'entreprise de son père. Ça, c'était du solide, et cætera et cætera...

En deux temps trois mouvements, Vogeler rassembla les affaires qu'il venait de déballer, prit le train jusqu'à Osterholz, marcha ensuite jusqu'à la rive de l'Hamme et suivit le chemin de halage. Dans le bleu de midi bêlait une « chèvre du ciel », comme les paysans appellent cette race de bécasse qui produit un bêlement en battant des ailes. À Paris, les magnolias, camélias et châtaigniers étaient déjà en fleurs alors qu'ici, les prémices du printemps esquissaient un premier sourire et laissaient émerger un vert tendre des buissons et bouleaux.

Une barque descendait sans bruit la rivière sous une voile marron. Vogeler héla le batelier. La barque bifurqua sans s'arrêter et Vogeler sauta dedans. La voile pendit un instant, comme indécise, après quoi la barque se retrouva sous le vent printanier et, au bout d'une heure de traversée, la coque frôla la rive basse près de la cabane au bord de l'eau.

«— C'est là qu'tu dois descendre», dit le batelier.

Vogeler sauta à terre. «M'ci bien.»

«Pas d'quoi. Bonne route.»

Le Weyerberg, rayé par les champs et orné d'une coiffe sombre en pin, se détachait sur l'horizon au-dessus de vertes prairies. Vogeler, sans qu'il sût pourquoi, vit dans ce panorama une promesse, un signe du destin et il fut à nouveau transporté par cette sensation enivrante de bonheur qu'il avait ressentie pour la première fois à Paris.

Fritz Overbeck avait loué une chaumière aux abords du village. L'homme trapu et large d'épaules à la moustache ébouriffée et à la tignasse hirsute se tenait sur le seuil et accueillit Vogeler par une vigoureuse poignée de main.

«— Ah, vous voilà enfin! dit-il comme si Vogeler était attendu depuis longtemps et amené à rester. Dans un premier temps, nous vous avons loué chez une veuve une chambre mansardée, petite mais propre. Et quand vous vous serez installé, nous vous attendons à La Cruche.»

«Nous» – cela voulait dire, outre Overbeck: Fritz Mackensen, Hans am Ende et Otto Modersohn. Une fois Vogeler assis à la table des habitués à La Cruche, ils racontèrent que Mackensen, par amour, aussi éphémère fût-il, pour une jeune fille de Worpswede était venu ici, découvrant le village et les marais, le pays et les gens, les bouleaux, le ciel dégagé et tous ces merveilleux motifs. Hans am Ende et Otto Modersohn, qui avaient fait leurs études à Munich comme Mackensen, écoutèrent ses louanges, lui rendirent visite, sceptiques – et finirent par rester. Au début, ils partageaient une chambre chez un paysan, si encombrée par les trois lits qu'il fallait entrer et sortir par la fenêtre. Esquisses, dessins, études, aquarelles étaient suspendus à une corde à linge entre les poutres noircies par la fumée du poêle à tourbe et les nuages de tabac. Un vieux poirier situé devant la fenêtre leur servait de penderie. On avait tendu entre ses branches un reste de voile goudronnée pour protéger les vêtements de la pluie. C'est ainsi que tout avait commencé.

Par la suite, les peintres eurent chacun leur chambre dans des maisons différentes, Mackensen chez la mère Schröder, la veuve démunie d'un instituteur. Elle touchait une pension dérisoire, mais possédait une parcelle de terrain suffisante pour cultiver un peu de seigle, des pommes de terre et des légumes ainsi que, autour de sa maison, un verger et un petit marécage pour faire la tourbe. Meta Schröder avait mis au monde treize enfants dont la plupart émigrèrent en Amérique, chose courante dans le Teufelsmoor. On racontait qu'un de ses fils s'était fait lyncher en Géorgie pour avoir volé des poules, qu'un autre, devenu écuyer dans un cirque ambulant, était mort accidentellement, qu'un troisième avait été massacré par des Indiens dans un convoi à destination de la Californie, qu'un chanceux avait fait fortune dans le pétrole – selon la rumeur, bien sûr, mais le fait est qu'on n'en revit plus aucun, nul ne revint dans les marais et aucun non plus n'envoya le moindre dollar à la vieille mère.

Il restait sur place trois filles et deux fils ; les fils devaient et voulaient sans doute devenir instituteurs. Marie, l'aînée, travaillait dans les cuisines du restaurant *La ville de Brême* et avait une liaison avec Mackensen, très bel homme et officier de réserve auquel le mot « panache » s'appliquait mieux qu'à quiconque. Il avait beau afficher en public des valeurs morales très conservatrices, être sceptique vis-à-vis de la peinture de nus et farouchement opposé au naturisme en plein essor, c'était un coureur de jupons notoire. Plus tard, lorsque son besoin en femmes ne cessa d'augmenter, de s'accélérer et reposa de plus en plus sur le calcul – il se mit à interroger ses brèves liaisons sur leur patrimoine, aussi bien financier que racial – il se lassa de Marie, qui incarnait pourtant d'après lui « le précieux genre aryen blond ».

Le lendemain de l'arrivée de Vogeler, Modersohn et Overbeck lui firent découvrir les environs, ils passèrent devant le cimetière et l'église, montèrent sur le Weyerberg et firent une halte en haut près de l'obélisque érigé en l'honneur d'un architecte qui avait drainé les marais. Ils s'installèrent sur l'herbe soyeuse de la lande entre les pins et les buissons de chênes. Modersohn, de nature taciturne, sortit son carnet de son sac à dos et fit des esquisses au fusain. Overbeck, allongé sur le dos, la pipe entre les dents, suivait du regard les petits nuages de fumée qu'il rejetait dans le ciel bleu.

« — Vous comprenez pourquoi nous sommes restés, Vogeler ? demanda-t-il. Pourquoi ne resteriez-vous pas, vous aussi ? »

Vogeler dodelina de la tête. Le village et ses alentours étaient sans aucun doute pittoresques, on vivait ici pour trois fois rien et ses quatre collègues, tous plus âgés et un peu plus connus que lui, l'accueillaient dans un esprit de camaraderie et sans parti pris. Il était tenté par l'idée de rejoindre une colonie d'artistes, de gens ayant les mêmes vues, tels les paysagistes de Barbizon ou les Macchiaioli en Toscane qui se révoltaient contre le fonctionnement rigide de l'Académie. Mais rester *ici* ? À Worpswede, au fin fond du Teufelsmoor ?

Avant qu'il eût le temps de répondre, un bruissement provint des buissons de chênes et une jeune fille en robe de lin claire s'avança dans la clairière. Ses cheveux étaient noués en une longue tresse blond doré et une pie apprivoisée était perchée sur sa main droite, comme les nobles demoiselles d'autrefois portaient peut-être un faucon. C'était une apparition féerique, sortie tout droit d'une époque révolue, d'un tableau de Botticelli ou d'un conte. Et Vogeler, qui avait toujours un exemplaire du *Cor enchanté de l'enfant* dans sa poche et connaissait par cœur les lieder de Walther von der Vogelweide, s'éprit sur-le-champ, sans savoir encore ce qui lui arrivait, de cette enfant.

Modersohn leva les yeux de son carnet et fit signe à la jeune fille âgée d'une quinzaine d'années. «*Moin, moin*, Martha. Viens, joins-toi à nous.» Il dit à mi-voix à Vogeler que c'était la benjamine de la veuve Schröder.

Les gestes de Martha avaient une grâce naturelle, sans recherche d'effet, sans calcul. Vogeler regarda ses yeux bleus couleur d'eau. Elle avait le front presque anguleux au niveau des tempes. Elle soutint son regard. Il contempla ensuite ses mains – sa façon si agile et réelle de toucher les choses, l'oiseau, les fleurs, de caresser d'une main l'herbe tendre de la lande. Vogeler, timide comme un écolier, ne savait pas quoi dire, se jugeait inexpérimenté et maladroit, craignait qu'elle ne trouvât ses taches de rousseur repoussantes, afficha un sourire forcé. Elle lui sourit timidement en retour.

Vogeler resta. Les jours suivants, il parcourut marais et prairies, carnet en main, remonta sur le Weyerberg jusqu'aux pins battus par les vents et les herbes tendres, flâna sous le feuillage des bouleaux en longeant la rivière et les canaux, dessina d'après nature et inventa des compositions à partir de motifs fabuleux, chevaliers et nobles demoiselles, dragons et paons, puits ensorcelés et jardins enchantés où errait demoiselle Martha, princesse d'un château imaginaire que lui, Heinrich Vogeler, allait devoir libérer et réveiller par un baiser.

Il resta. Il espérait sans cesse qu'elle allait lui apparaître comme sur la colline mais, ne l'ayant toujours pas vue au bout d'une semaine, il finit par prendre son courage à deux mains et alla frapper chez la mère Schröder. Il s'installa ensuite dans le verger à l'abandon, dessina Martha de profil. Puis il la dessina de face, resta et peignit une grande peinture à l'huile : Martha sous un petit pommier chargé de fruits.

Dans sa mansarde, la guitare était toujours à portée de main et le soir, quand la lumière ne suffisait plus pour peindre, il entonnait des mélodies de son cru sur des vers de son cru en pensant à elle.

Quand la lune dans les claires nuits argentées
Descend doucement dans ta chambre,
Quand elle joue avec tes tresses d'ambre,
Te regarde dans les yeux,
Quand elle baise tes doux cheveux soyeux,
Alors elle te transmet mes pensées.

Ces rimes étaient celles d'un amateur, il le savait, mais elles exprimaient un sentiment profond et sincère. Et cela, *elle* le savait, ou l'espérait du moins, car elle éprouvait une méfiance tenace envers les gens qui venaient de la ville – surtout lorsqu'ils étaient habillés en dandy comme Vogeler, ce drôle d'oiseau venu se réfugier chez elle de façon aussi soudaine qu'inattendue. Cela dit, il n'avait pas le ton affecté de certains citadins et, contrairement aux autres artistes, il maîtrisait le dialecte bas-allemand pour l'avoir entendu, enfant, chez les ouvriers dans l'atelier, l'entrepôt et le comptoir de son père. Cela lui valut d'être vite apprécié au village, malgré ses déguisements excentriques, et même la mère Schröder vit d'un bon œil sa benjamine servir de modèle à ce jeune fils un peu timide d'un bourgeois de Brême.

Donc il resta, se fit initier à la technique de l'eau-forte par Hans am Ende et utilisa ses études de portrait pour sa gravure *L'Annonciation*, sur laquelle il rajeunit encore Martha de quelques années. Vêtue d'une robe réformée en tissu Liberty que Vogeler avait achetée spécialement à Brême, la femme-enfant est assise dans l'herbe d'un air rêveur et étonné, elle lève les yeux vers un ange qui se penche sur elle en jouant de la guitare et, là où se trouve l'origine du monde chez la jeune fille encore mineure, le manche de l'instrument se dresse comme s'il sortait du corps de l'ange.

Osé, raffiné et pourtant plein d'innocence, tel était l'avis de Hans am Ende. Quant à Mackensen, il déclara sur un ton admiratif que Vogeler était un petit malin. Lorsque Vogeler finit par comprendre ce que ses collègues voulaient dire, il ne sut s'il devait ressentir de la honte ou de la fierté.

Il resta. Sur le versant de la colline se trouvait une ancienne glaisière inondée qui faisait partie de la briqueterie. Les enfants du village venaient parfois traîner là ; les filles attrapaient des libellules et tressaient des couronnes d'immortelles roses et blanches, les garçons pêchaient des têtards et des tritons qui leur servaient à effrayer les filles. Mais la plupart du temps, l'endroit était désert et devint l'emplacement préféré de

Martha et d'Heinrich. C'est là qu'il fit d'innombrables esquisses d'elle et, par un soir d'été étouffant, il la persuada de se déshabiller. Ces esquisses où l'on voit Martha allongée dans l'herbe, raide de gêne, sa tresse dénouée en un flot blond, le bras gauche tendu vers le ciel, donneraient un jour naissance à un tableau.

Le paysage descendant en pente douce de la colline était presque nu, mais affichait sa silhouette caractéristique face aux couleurs changeantes du ciel. À mi-hauteur, devant un soleil estival sur le déclin, deux châtaigniers formaient une voûte et on pouvait distinguer sous la coupole de cette basilique organique une maisonnette au toit de paille. Habiter là avec Martha – ce serait un rêve ne cédant pas à la lumière du jour, son château imaginaire devenu réalité. Il était certain que Martha y pensait aussi en remettant sa robe. Mais il n'en parla pas. À quoi bon exprimer une chose sur laquelle on était tacitement d'accord ?

La chaumière sous les châtaigniers appartenait au vieux maître-briquetier de la briqueterie de Worpswede. Il était mort à l'automne et le hasard voulut que le père de Vogeler mourût peu après de façon soudaine et prématurée. L'entreprise paternelle, qu'aucun des trois frères ne voulait reprendre, fut vendue. La part d'héritage revenant à Vogeler ne le rendit pas riche, mais assez aisé pour faire une offre à la veuve du briquetier pour sa maisonnette délabrée. La vieille était devenue alcoolique, buvait du genièvre distillé maison dans un gobelet en terre cuite, tout en faisant revenir des patates avec des grattons sur le foyer ouvert dans la pièce commune. Les chèvres bêlaient dans la chèvrerie, impatientes d'être traites. Le terrain appartenant à la maison était à l'abandon – il comprenait un lambeau de champ où poussaient des pommes de terre, ainsi que quelques trognons de choux et des buissons de groseilles rabougris qui avaient connu des jours meilleurs.

Vogeler avait des scrupules à l'idée d'enlever à la pauvre femme ce qui la reliait encore à son défunt mari, or elle se montra ravie de se débarrasser du toit qui prenait l'eau, des murs effrités, de la cave humide, des quatre arpents de terrain et de toute cette charge de travail, et elle considéra les 3 000 marks de Vogeler comme un don envoyé par le bon Dieu en personne.

Martha et sa mère prirent acte de la vente avec des sentiments mitigés. Voir quelqu'un d'aussi jeune, qui n'avait pas encore fait ses preuves dans la vie, entrer en possession d'une somme pareille et acheter dans la foulée la maison sous les châtaigniers, voilà qui devait leur sembler formidablement prétentieux et antipathique. Martha fit la moue. Sans doute se disait-elle : il ne manquerait plus qu'Heinrich ramène une femme de la ville.

Sa méfiance se dissipa vite lorsqu'elle vit débarquer, non pas une Brêmoise au flegme hanséatique, mais une poignée d'artisans et d'ouvriers venus prêter main-forte à Vogeler. Il s'entendait particulièrement bien avec August Freitäger, un charpentier qui, après son apprentissage, avait fait ses classes en Allemagne et en Suisse, connaissait son métier comme personne et avait le génie de l'improvisation.

« — Récupère tout'c'qui peut t'servir, dit l'paysan en r'tirant un ver d'son cul pour nouer sa godasse. »

Tel était son credo, certes inconvenant en présence de la gent féminine, mais parfaitement adapté à la rénovation d'une maison. On posa des cheminées, changea le toit, assécha la cave, ajouta un atelier et aménagea la chèvrerie en bibliothèque.

On remplaça le toit pointu en paille, tout abîmé, par des tuiles et le transforma en toit mansardé grâce à l'ajout d'un pignon, puis d'un deuxième au-dessus de la cuisine. Vogeler dessina les pignons de style Empire grandeur nature sur le sable, ce qui força le respect du charpentier Freitäger. Ce dernier n'eut plus qu'à construire le modèle en bois directement sur le sol. On redressa ces décors à l'aide de cordes et les consolida avec des briques. Vogeler métamorphosa ainsi peu à peu la Cendrillon déguenillée d'une misérable chaumière en gracieuse princesse du Barkenhoff appelée à charmer tous les visiteurs.

Mais, pour l'heure, les murs étaient ouverts partout et le toit manquait par endroits. La tempête faisait rage dans la maison, il pleuvait à l'intérieur. Vogeler dormait sous une bâche et un parapluie, mais il pouvait prétendre à juste titre, et sans fierté déplacée, connaître chaque poutre, chaque planche, chaque pierre de taille et chaque tuile de sa maison.

Au printemps, il planta les bouleaux et donna à sa maison le nom de Barkenhoff. Un entrepreneur de Brême livra toutes sortes de meubles qui faisaient partie de l'héritage de Vogeler – il concevrait et fabriquerait son propre mobilier par la suite.

La mère Schröder était amadouée, les villageois admiratifs. Cet homme-là parlait le dialecte, mais en plus, il savait ce qu'il voulait, il travaillait dur, s'y connaissait en artisanat et même un peu en agriculture. Quant à Martha, elle était désormais certaine de l'aimer.

Il semblait presque que la maison attirât le succès. Une exposition collective des peintres de Worpswede à la Kunsthalle de Brême suscita des réactions bienveillantes et le directeur du Palais des glaces de Munich, après l'avoir vue, fit venir toutes les œuvres au Palais pour l'exposition annuelle, où elles furent présentées deux fois et firent sensation. Mackensen reçut une médaille d'or, la Nouvelle Pinacothèque acquit la *Tempête dans le Teufelsmoor* de Modersohn. Nombre de musées et galeries allemands accueillirent ensuite l'exposition. Les collègues encensés rassemblèrent de l'argent pour acheter une presse de cuivre d'occasion qu'ils installèrent au Barkenhoff. Vogeler connut une phase créative intense et envoya la série complète de ses gravures fantasmagoriques à l'exposition d'arts graphiques de Vienne.

Un jour, le boulanger de Worpswede, qui distribuait aussi le courrier du village, arriva en courant au Barkenhoff dans son bleu de travail enfariné, agitant de loin et avec fébrilité un morceau de papier. « M'sieur Vogeler, dit-il à bout de souffle, z'avez gagné queq' chose, une ch'tite... »

Vogeler tendit la main vers le télégramme, mais le messager insista pour le lire dans un haut allemand laborieux, empreint de gravité et de dignité : « La petite médaille d'or de l'exposition d'arts graphiques de Vienne ».

Les distinctions des peintres avaient beau être individuelles et les tarifs obtenus auprès des mécènes, collectionneurs et galeristes varier grandement, de même que les différences de style, ils étaient perçus comme un groupe par le public, ce qui ne faisait qu'accroître leur cote de popularité. Ils fondèrent *Le cercle des artistes de Worpswede* sans savoir au juste quel serait son but.

Les premiers conflits éclatèrent lorsque Mackensen et Hans am Ende refusèrent catégoriquement d'accueillir au sein du groupe les artistes Clara Westhoff et Paula Becker, désormais installées à Worpswede. C'était d'autant plus absurde que

Mackensen les avait acceptées comme élèves et formées à la peinture et au dessin – entre autres choses, disait-on.

Am Ende et Mackensen, deux officiers de réserve ultra-conservateurs et adeptes des théories raciales, finirent par considérer que l'honneur du cercle et de la colonie d'artistes était traîné dans la boue lorsqu'ils découvrirent que Vogeler et Modersohn faisaient de la peinture de nus, non pas dans l'intérieur décemment obscurci de leurs ateliers – si tant est que cela fût bien nécessaire ! –, tel que l'exigeait la bienséance, mais en pleine nature. En bas, près de la cabane en ruine au bord de l'Hamme ou en haut, près de la glaisière, Heinrich peignait sa Martha aussi nue qu'innocente et Modersohn une Paula Becker dévêtue. Étaient-ce des enfants venus jouer là qui, ayant entraperçu quelque chose, l'avaient raconté à leurs parents, étaient-ce des voyeurs qui s'étaient approchés pour observer la scène avec lubricité à l'abri des buissons – toujours est-il que les rumeurs les plus folles firent bientôt le tour du village. Décadence ! Atteinte aux mœurs ! Orgies ! Scandale !

Am Ende et Mackensen réclamèrent l'arrêt immédiat de ces agissements immoraux. Il s'ensuivit entre Vogeler et am Ende, qui avait loué sur le terrain du Barkenhoff une petite dépendance que la mère de Vogeler comptait aménager par la suite en maison d'été, une violente dispute qui atteignit son apogée lorsque l'officier peintre provoqua Vogeler en duel.

Et, en effet, le médecin du village se présenta comme témoin au Barkenhoff dès le lendemain. « Vous devez retirer vos offenses, dit-il en scrutant Vogeler avec le plus grand sérieux à travers son pince-nez. Faute de quoi monsieur am Ende insiste pour obtenir réparation. Et il passe pour être un bon tireur... »

Vogeler rigola au nez du médecin. «Qu'est-ce que je suis censé retirer? Que monsieur am Ende est un petit-bourgeois? Que les nus de Modersohn sont plus moraux sur le plan artistique que les idylles à l'eau-forte de monsieur am Ende? Qu'il fasse taire toutes ces rumeurs, ces ignobles ragots au village et l'affaire sera réglée pour moi.

— Pour vous? Mais...

— Et monsieur am Ende pourra même continuer à louer la dépendance.»

Le médecin acquiesça sans piper mot et prit congé – et l'affaire fut réglée. Cette farce qui aurait peut-être suscité quelques rires dans une comédie populaire marqua la fin du cercle artistique qui n'avait duré que deux ans. Modersohn, Vogeler et Overbeck annoncèrent simplement leur retrait officiel – réglant une affaire de plus.

Vogeler resta à Worpswede.

Puis Rilke débarqua.

⁂

«Bzzz, bzzz, endors-toi, mon enfant...»

Ah, Rilke. Vogeler frissonne dans le soleil printanier, s'étire. Rilke, par son métier d'écrivain et de poète qui a étudié l'histoire de l'art, au moins pour un temps, est toujours resté en marge du groupe d'artistes, mais il a comme avantage le pouvoir des mots, la capacité de transformer les expériences en langage. Sa monographie sur les cinq peintres de Worpswede lui a permis de s'ériger en idéologue de la colonie, même si le groupe était déjà fortement divisé lorsque Rilke est entré en scène. Un cercle d'artistes ? Au fond, l'expression était déjà une contradiction en soi, le cercle ayant vite été rompu. Les artistes sont nécessairement des solitaires, des individualistes en tout cas, parce que seul le point de vue individuel de l'artiste donne à l'œuvre sa raison d'être : le style. Cercles, sociétés, groupes, organisations – tout cela n'est que distraction et nivellement.

Les vestiges du cercle ont donné naissance à ce que Paula nomme la « famille » de Worpswede – une famille elle aussi déchirée et divisée depuis longtemps. La remarque de Nietzsche, selon laquelle toute communauté rend commun, serait-elle juste ? Bien sûr qu'on a besoin d'amis, d'âmes sœurs et aussi d'amantes. Mais a-t-on besoin du mariage ? Le mariage ne serait-il qu'une de ces institutions bourgeoises qui nivellent tout et affaiblissent l'intuition ? Derrière les rideaux tirés, Martha, indisposée, déçue et aigrie, attend son troisième enfant. Il reposera bientôt dans son landau, bzzz, bzzz, mais Vogeler a parfois l'impression que ce sont les enfants qui engloutissent l'amour. À moins que ce ne soit l'art qui tue la vie et l'amour ?

Il y a quelques jours, Martha le lui a dit en face. « Tu n'as pas le temps de vivre, a-t-elle dit en passant la main sur son ventre de grossesse comme si elle avait mal, tu n'as pas non plus de temps pour tes enfants, ni pour moi. Tu es le martyr de ton art, l'esclave de ton travail et de ton succès. Et tu te sens bien malgré tout... »

Il n'avait pas su quoi répondre, ne le sait toujours pas. A-t-il exploité Martha, ses propres enfants, comme matériel, comme mortier pour son travail ?

Mieke lève les yeux vers lui. « Tu es triste, papa ?

— Non, non...

— Tu veux jouer avec nous ?»

Il s'accroupit à côté d'elle dans le sable, lui caresse les cheveux. «Une autre fois, dit-il. Il faut que j'aille faire ma valise.»

Il rentre dans sa maison par l'entrée latérale, la seule à l'époque du vieux briquetier. Les gens et les bêtes passaient par là, et aussi la fumée de tourbe pour gagner l'air libre. L'air libre ? Drôle d'expression. Comme si sa maison était devenue sa prison. L'inscription qui figure sur le fronton au-dessus de la pièce commune n'existait pas encore à l'époque. C'est Rilke qui l'a inventée et Vogeler l'a gravée lui-même au ciseau à bois dans le colombage.

⁂

Rilke passa la veillée de Noël sous la solide charpente de la maison des parents de Vogeler, une villa patricienne de Brême située dans une rue tranquille et bordée de vieux tilleuls. Derrière la maison se trouvait un vaste jardin de la taille d'un parc, sillonné par des allées en gravier blanc de la Weser.

Le cercle familial, présidé désormais par la mère de Vogeler après la mort précoce de son mari, était au complet : deux sœurs cadettes encore célibataires et les deux frères de Vogeler accompagnés de leurs fiancées. N'ayant, comme Heinrich, aucune envie de reprendre l'entreprise paternelle, ils avaient utilisé l'argent de l'héritage pour s'acheter une ferme près de Zeven. Ils y exploitaient avec succès un élevage de volailles sur le modèle américain. Quelques oncles, tantes, neveux et nièces complétaient le groupe.

Quant à Martha Schröder, elle passait Noël chez sa mère à Worpswede.

La table de la salle à manger était dressée pour la fête et la porte coulissante entrouverte laissait entrevoir le sapin de Noël généreusement décoré qui étincelait dans le grand salon garni de boiseries sombres. Rilke, s'adaptant à l'élégance de la grande bourgeoisie, avait revêtu un costume trois pièces gris foncé encadré, pour ainsi dire, d'une cravate lie de vin et de guêtres assorties, histoire de souligner discrètement son appartenance au milieu artistique. Il fut placé entre Henny, la plus jeune sœur de Vogeler, et une tante corpulente de Schwanewede, à côté de laquelle le corps frêle de Rilke paraissait squelettique. La tante étant dure d'oreille, il était contraint de parler très fort. Sa voix d'ordinaire faible et toujours un rien suppliante prit une tonalité stridente et s'entendait à l'autre bout de la table.

En tant que membre d'une très ancienne famille de nobles et d'officiers de Bohême, cria-t-il dans l'oreille tendue de la tante entre la soupe et le plat de résistance, il n'était pas au fait des usages hanséatiques au sens strict du terme, mais sa famille très ramifiée comptait elle aussi des commerçants ayant leurs traditions et des relations dans les classes supérieures et même, oui, absolument, bien au-delà.

L'opulente tante acquiesça en silence et afficha un sourire bienveillant.

Vogeler trouva que le verbiage de Rilke sonnait faux, impression encore renforcée par le volume imposé à sa voix. Vogeler y percevait une tonalité difficile à définir, frisant l'hypocrisie et oscillant entre le délire candide et l'imposture calculée.

En tout cas, Rilke ne semblait nullement gêné par l'attention que lui portait désormais toute la tablée. D'ailleurs, s'écria-t-il, il prévoyait cette année un voyage en Russie, au cours duquel il comptait présenter ses hommages au très honoré comte Tolstoï, ainsi qu'au prince Troubetskoï.

La tante acquiesça. « Voyez-vous cela... »

Rilke aurait-il également un lien de parenté avec ces messieurs ? s'enquit Philine, la future belle-sœur de Vogeler.

Rilke parut réfléchir un instant, but une gorgée d'eau et déclara en baissant d'un ton : « Pas directement.

— Ah, la Russie... ». Henny, dix-sept ans, poussa un soupir d'adolescente. « Ce serait si bien de pouvoir y aller. L'âme russe. Les sonorités de la balalaïka. Et ces poupées ravissantes... »

Elle lança à Rilke un regard émerveillé et langoureux qui n'échappa pas à Vogeler. D'où, se demanda-t-il, venait donc l'attraction littéralement magnétique que cet homme, qui était loin d'être beau, exerçait sur les femmes ?

Monsieur Rilke avait-il l'intention de voyager seul ou accompagné ? demanda avec malveillance la mère de Vogeler. La langueur d'Henny ne lui avait pas échappé non plus. Il fallait espérer qu'Heinrich ne présentait pas cet étrange poète à la famille pour qu'il poursuive de ses ardeurs les filles de la maison !

Rilke répondit qu'il serait accompagné du professeur Andreas, cet orientaliste de la plus haute importance, proche de la cour du roi de Perse...

À en juger par les mimiques de l'assemblée, le renommé professeur était plutôt inconnu par ici. On acquiesça tout en s'interrogeant d'un air désemparé. Seule la tante dure d'oreille demanda : « Plaît-il ?

... ainsi que, poursuivit Rilke, son épouse, écrivain célèbre dans toute l'Europe – Rilke introduisit un point d'orgue –, Lou Andreas-Salomé.

— Oh oh, fit Franz, le frère de Vogeler, d'un ton vague et entendu.

— N'est-ce pas la dame qui a soi-disant... avec Friedrich Nietzsche, dit Henny, toute fébrile et rougissante, enfin, je veux dire, celle qui... »

La mère de Vogeler ne pipait mot, mais ses commissures tressaillirent sous le coup de l'indignation – un signe infaillible qu'elle préférait changer de sujet. Peu importe qu'il fût artiste ou poète, sans parler de philosophes immoraux tels que Nietzsche et leurs maîtresses : le nouvel ami de son fils lui faisait visiblement peur. À ses yeux, Rilke était suspect, ne serait-ce que parce qu'il refusait le vin au profit de l'eau, dédaignait aussi la viande et ne se faisait servir que des légumes. Ce n'était sûrement pas très sain. Rilke fit néanmoins honneur au dessert qu'on venait d'apporter, une gelée de fruits rouges à la sauce vanille et à la chantilly.

Une fois le repas terminé, on proposa liqueurs et cigarettes aux dames, cognac et cigares aux messieurs, mais Rilke déclina l'offre une fois de plus. Vogeler s'étonna, Rilke ayant bu de l'alcool au printemps à Florence, et même bien au-delà de ces limites. Et n'avait-il pas également fumé ?

Ce fut l'ingénue Henny qui posa la question qui s'imposait: «Vous êtes sans doute un partisan de la tempérance, monsieur Rilke?»

Rilke se racla la gorge. Il répondit sur un ton solennel, comme s'il s'attendait à la question depuis longtemps: Il se nourrissait autant que possible de légumes pour rester proche de sa conscience vitale naturelle, non stimulée par un quelconque corps étranger. Et il ne laissait plus le vin entrer dans son organisme parce qu'il voulait laisser parler, mugir et s'épanouir ses humeurs au plus profond de lui-même, comme chez les enfants et les animaux.

«— Plaît-il? demanda la tante.

— Je... comprends», balbutia Henny sans comprendre.

Madame Vogeler tapa dans ses mains, non en guise d'applaudissement, mais de signal. «Allons chanter sous le sapin de Noël», s'écria-t-elle.

L'assemblée passa au salon et se réunit autour du sapin. L'oncle Fritz s'assit au piano, entonna le chant qui célèbre la verdure du sapin et tous reprirent en chœur, puis enchaînèrent sur le cantique préféré de Vogeler, dans lequel le sapin étincelant est nommé «image silencieuse de l'espoir fidèle» et où deux anges, que nul ne voit venir, entrent, prient et s'éclipsent ni vus, ni connus. Les paroles qui scintillent entre profondeur religieuse et convivialité germanique auraient pu être de Rilke, d'autant qu'il avait apporté en cadeau son dernier recueil de poèmes, intitulé pour l'occasion *Avent*.

«— Nous serions très heureux si vous vouliez bien nous en lire quelques passages, dit Vogeler.

— Oh, oui, oui, s'il vous plaît..., soupira Henny.

— Si c'est là le souhait général.» Avec un soupçon de cette coquetterie propre aux artistes, Rilke lança un regard interrogateur à la ronde, mais la demande ne prenait nullement au dépourvu le poète qui sortit aussitôt de sa poche un exemplaire du mince recueil.

Madame Vogeler haussa les sourcils.

Rilke récita d'une voix douce et très accentuée mais sans égards, cette fois, pour la tante de Schwanewede.

Le vent mène dans la forêt d'hiver
son troupeau de flocons tel un berger,
et plus d'un sapin pressent l'arrivée
d'une sainte auréole de lumières;
il est attentif. Vers les blanches sentes
il tend ses branches – il se prépare,
face au vent, il croît dans l'attente
d'une unique nuit de gloire.

L'assemblée était touchée. «Comme c'est beau», murmura-t-on dans le cercle, «exquis», «ravissant» ou même «envoûtant», et Henny soupira sans rien dire. Le poète, dans sa générosité, enchaîna sur une série de chambres douillettes et intimes, de forêts de sapins enneigés et de mères ayant la grâce de reines. Même le regard de madame Vogeler en perdit sa sévérité et son scepticisme hanséatiques. C'était de la poésie telle qu'elle l'aimait – méditative, harmonieuse, édifiante. En un mot: poétique.

Vogeler, qui avait lu le mince recueil la veille, préférait ces vers féeriques où il était question de plumes de paon et de femmes dévouées à Vesta, de châteaux blancs dans une blanche solitude et de cygnes scintillants dans des poses prétentieuses. Ils auraient pu être inspirés par les dessins et les gravures de Vogeler, et peut-être l'étaient-ils d'ailleurs. Un poème, notamment, exprimait sa pensée comme s'il l'avait lui-même ressenti et composé.

Dans le jardin du soir tous deux sont assis,
longtemps, tout ouïe et se tiennent coi.
« Tes mains ont la blancheur de la soie… »
Et elle s'étonna : « Tu dis les choses ainsi… »

Dans le jardin est entré quelque chose,
or la grille n'a pas grincé,
et sa présence fait trembler
les parterres de roses.

Le poème n'avait pas de titre, mais Vogeler l'avait toujours nommé *Martha, Heinrich et l'ange du Barkenhoff*…

⁂

… et le nomme toujours ainsi, tandis qu'il traverse la pièce commune. Et bien que l'ange ait quitté la maison depuis longtemps et que l'amour entre Martha et lui soit devenu aussi friable que les reliures en cuir de certains vieux livres de sa bibliothèque, ce poème restera auprès de lui. De même que Martha restera auprès de lui et en lui lorsqu'ils se sépareront et suivront chacun leur propre chemin. Car une personne qu'on a vraiment aimée, on l'aime pour toujours. Vogeler y croit. Il veut y croire.

Le secret de la poésie résiderait-il dans le fait d'exprimer ce qui se perd en temps normal dans l'existence silencieuse ?

Et la peinture ne crée-t-elle pas un tableau à partir de ce qui ne peut être montré dans la réalité ? « Tant de choses n'ont pas été peintes, peut-être aucune. » Voilà ce qu'a écrit Rilke dans son livre sur Worpswede, mais Vogeler ne l'avait pas compris jusqu'ici. Tout d'un coup, il croit comprendre...

⁂

Le lendemain de Noël, ils se rendirent en omnibus à Worpswede. En Allemagne du Nord, l'hiver était froid, humide et tempétueux ; des averses de pluie et de grêle provenant d'un ciel sombre alternaient sans transition avec des éclaircies où le soleil tombait sur la plaine dans une transparence cristalline. L'air humide transfigurait le bois incolore et terne des clôtures et des treillis, leurs nervures étincelaient, parfois ceintes d'une nuance vert fumé et de lichen gris argenté comme des tentures en brocart ou des tuniques anciennes, et des voiles de soie semblaient tissés autour des troncs des bouleaux.

Au Barkenhoff, le foyer ouvert de la pièce commune abritait un feu de tourbe rouge jaune qui dégageait une chaleur douce et un air agréablement sec. Derrière les fenêtres contre lesquelles claquait une giboulée, le jardin était en hibernation. Rilke s'installa dans la chambre bleue des invités sous le pignon. Lorsqu'il redescendit, la table était mise et Martha présente.

« — Ma fiancée. » Vogeler afficha un sourire un peu gêné.

Rilke la salua par un charmant baisemain auquel elle n'était pas habituée et qui la fit rougir. Elle prépara un dîner frugal, pommes de terre sautées, œufs brouillés, lard, éperlans de la Weser. Vogeler proposa du punch au vin rouge, Rilke demanda une infusion d'églantier.

Plus tard, tandis qu'ils étaient assis devant la cheminée, dans les fauteuils dessinés par Vogeler, et regardaient en silence les braises se transformer lentement en cendre couleur de neige, Rilke déclara de but en blanc qu'il avait l'impression de rentrer chez lui après un long voyage.

Vogeler vit un compliment dans sa remarque, la maison et le jardin portant sa signature au même titre que ses tableaux. Martha faisait-elle partie de son œuvre, elle aussi ?

Un vent de nord-ouest chassait l'averse à l'angle des maisons, malmenait et secouait tuiles et gouttières, rendant plus dense encore le silence de la maison. La pendule du couloir sonnait les heures.

Dans la lumière hivernale du lendemain matin, Vogeler conduisit Rilke à son atelier et lui montra ses tableaux anciens, nouveaux et quelques autres en cours de réalisation. On retrouvait trois motifs dans de nombreuses variations, premièrement Martha – Martha de profil, Martha de face, Martha enfant, Martha reine, Martha déguisée, Martha en tenue d'Ève, Martha réaliste, Martha allégorique ; deuxièmement le jardin – le jardin au printemps, en été, automne, hiver, la menue blancheur des bouleaux, les buissons touffus, les fruits resplendissants, les arbres feuillus aux cimes songeuses ; et troisièmement la maison – encore et toujours, dans chaque lumière et par tous les temps, sous tous les angles, de jour et de nuit, dans chaque perspective. Sur certains tableaux, la maison, le jardin et l'amante s'unissaient pour former ce triple accord dans lequel Vogeler se berçait à l'époque.

Davantage encore que par ses toiles, Rilke fut enthousiasmé par ses dessins à la plume et ses gravures à l'eau-forte. Les estampes qui grouillaient d'arabesques dardant la langue n'étaient que croissance, naissance et luxuriance, glissement, circonvolution et ondulation serpentine, quête sans autre fin que la séduction, frénésie aspirant à transcender la réalité et créant la perplexité. Le réel et le féerique étaient entortillés, entremêlés, entrelacés pour former des ornements composés de vagues, cygnes, naïades, nénuphars, garçonnets dénudés et jeunes filles dévêtues et parées de guirlandes de fleurs, moult rondeurs des nymphes de la forêt, ondines, faunes et sylphides, membres souples et minces, longues chevelures flottantes, vêtements tels des sépales effilochés, corps se muant en tiges et têtes métamorphosées en bourgeons dodelinants.

La tête baissée, l'index de la main droite recourbé et reposant pensivement entre le menton et la lèvre inférieure, Rilke contemplait une peinture à l'huile : la façade à pignon de la maison, encadrée par des pommiers fleuris sous un ciel bleu pâle, avec son perron qui débouche sur une prairie constellée de fleurs jaunes et la surplombe en même temps.

« — La toile n'est pas encore finie, dit Vogeler. Il manque quelque chose. Mais je ne sais pas quoi exactement... »

Rilke acquiesça. « Une étoile », dit-il en désignant un endroit du ciel au-dessus de la maison.

Vogeler regarda Rilke, puis le tableau, puis de nouveau Rilke. « Oui, dit Vogeler, vous avez tout à fait raison... »

Rilke marmonna dans sa moustache fournie, une sorte de grommellement, de gémissement évoquant le démarrage laborieux d'une machine. Cela dura quelques secondes, au bout desquelles il déclama comme un automate :

La maison repose, discrète, devant une étoile ultime
que la nuit révolue fait descendre du firmament.
Mais déjà ses fenêtres en proie à l'éloignement
débordent d'une aube qui s'annonce sublime.

Vogeler fut sidéré. « C'est ça, dit-il, étonné par le talent d'improvisation de Rilke, mais aussi admiratif, c'est exactement ça. »

Rilke sourit. « Mais ce n'est pas fini non plus. »

Ce qui était terminé, en revanche, c'était un ensemble de nouveaux poèmes qui paraîtraient sous forme de recueil l'année suivante. Et ces poèmes, expliqua Rilke, devraient être imprimés en grands caractères mettant en valeur chaque lettre. Rien, en effet, ne saurait mieux exprimer la quintessence de ses vers qu'une mise en forme monumentale des mots, fût-ce les plus petits et les plus modestes en apparence car tout, dans cet ouvrage, était important et solennel. Chaque voyelle était une fête, chaque consonne une invitée à cette fête. Voilà pourquoi le recueil s'intitulerait, devrait s'intituler, ne pourrait s'intituler autrement que *Pour me fêter*.

Vogeler, qui jugeait présomptueuse sa façon de se présenter en génie, acquiesça en signe de compréhension. Rilke y vit un signe d'approbation.

Il poursuivit sur un ton vibrant d'emphase et ne tolérant aucune contradiction, tout en regardant Vogeler dans les yeux avec une insistance mielleuse, comme s'il lui faisait la cour : il n'y avait qu'un seul artiste capable d'illustrer son ouvrage avec un génie égal au sien. « Et cet artiste, murmura-t-il, c'est vous. Mon compagnon de route, mon âme sœur, mon frère en esprit, vous, mon cher Heinrich Vogeler. »

Vogeler se sentit particulièrement mal à l'aise. N'était-ce pas audacieux de la part de Rilke de se mesurer avec lui et d'annoncer ses exigences comme si Vogeler ne pouvait qu'être flatté de pouvoir illustrer un de ses ouvrages ? Vogeler était déjà connu et en passe de devenir l'un des illustrateurs les plus demandés, il croulait sous les demandes et les commandes. Mais Rilke ? À 23 ans à peine, ce n'était guère plus qu'un étudiant raté en histoire de l'art qui avait démontré quelques talents lyriques dont la qualité était loin de faire l'unanimité. Mais son assurance hardie allait de pair avec sa force de conviction, ce charme irrésistible qui balayait toutes les réserves. Lorsqu'il fut question par la suite des nombreuses liaisons de Rilke et que plus d'un s'étonna du nombre élevé de femmes, aussi bien jeunes que mûres, ayant succombé à cet homme frêle au regard de chien battu, Vogeler ne put s'empêcher de repenser à ce moment où Rilke l'avait rallié à sa cause.

Le manuscrit était entouré d'un ruban de velours lie-de-vin, tel un cadeau. Fallait-il porter des gants de chevreau glacé pour le déballer ? On pouvait lire sur la luxueuse couverture en papier marbré les lignes suivantes, rédigées à l'encre mauve dans cette belle et singulière écriture rilkéenne :

RAINER MARIA RILKE
POUR ME FÊTER

Vogeler resta coi. Rainer ? Ne s'appelait-il pas René ?

Rilke secoua la tête. Suivant le conseil avisé et les souhaits d'une personne très chère, il avait changé de nom, Rainer ayant une consonance plus masculine et énergique, plus allemande aussi que René qui était quand même très féminin.

Vogeler acquiesça poliment, tout en se demandant pourquoi ce n'était pas plutôt le prénom Maria qui avait fait l'objet de cette masculinisation. «Une personne très chère? Ai-je raison de supposer qu'il s'agit de madame von Salomé?

— C'est exact, mon cher Vogeler. Il faut absolument que vous fassiez sa connaissance. Cela n'a pas pu se faire, hélas, lors de son dernier séjour à Berlin. Madame Salomé, Lou, je veux dire, est ma... elle m'a...»

Il était rarissime que Rilke perdît contenance, linguistiquement parlant, et cherchât ses mots comme un asthmatique cherche l'air. Vogeler trouvait cela sympathique parce que cela égratignait et humanisait la perfection rhétorique et l'éloquence pompeuse avec lesquelles Rilke avait coutume d'impressionner la galerie.

Rilke, qui venait de retrouver le fil de son discours, dit qu'il devait beaucoup à madame von Salomé, entre autres le renoncement à l'alcool et à la nicotine, le passage à une alimentation sans viande ainsi que, de façon générale, l'adhésion à une vie simple, la vie des petites choses, des animaux et des grands espaces, la vie pleine d'élan, de croissance et de chaleur. D'où son engouement pour la marche pieds nus.

La marche pieds nus? Vogeler n'arrivait pas vraiment à le suivre, mais il dit quand même: «Je comprends...

— J'adore, en effet, Lou et moi adorons parcourir de longs chemins pieds nus afin de ne négliger aucun grain de sable et d'offrir à mon corps, à nos corps le monde entier sous de multiples formes et les soumettre à la sensation, à l'événement. Pour me fêter. »

Pour leurs promenades dans le paysage hivernal du marais, Rilke préféra néanmoins que Vogeler lui prêtât des bottes ; elles étaient trop grandes pour lui, Martha les bourra de paille – et cela fit l'affaire. Dans le ciel en jachère flottait un air vespéral à la teinte sulfureuse où se glissait à l'ouest un long nuage violet foncé. Il ressemblait à un bras terminé par des griffes tendues vers le marais. Un oiseau poussa un cri dans le branchage nu des peupliers. On aurait dit un jacassement rauque.

Rilke s'arrêta et saisit le bras de Vogeler. « Vous avez entendu ?

— Bien sûr. Une pie.

— Oui, murmura Rilke, l'oiseau des morts. Mais n'avez-vous pas entendu la contrée et le vent se glisser dans ce cri ? Comme si l'oiseau savait des choses qui nous entraînent vers la mort.

— Je n'en sais rien..., dit Vogeler. De quoi Rilke parlait-il au juste ?

— Là – Rilke devint livide et désigna en tremblant la rangée de peupliers – le cri provient de ces arbres. Même seul avec des morts, on ne se sent pas aussi abandonné que seul avec des arbres, parce que leur existence ne participe pas de la nôtre et ne nous voit même pas. Un pays macabre, votre Teufelsmoor. C'est beau, mais c'est aussi le début de l'effroi. »

Rilke parlait avec une telle emphase que Vogeler crut voir, l'espace d'un instant, la pie et les arbres se transformer en spectres. En tant qu'artiste, c'était lui aussi un rêveur qui croyait aux contes de fées, mais ces histoires abracadabrantes n'étaient pas de son goût et il ne savait pas quoi en dire.

Plus tard, lorsque Rilke voulut forcer la « famille » de Worpswede à l'esclavage permanent avec son mantra inspiré de Rodin *Il faut travailler toujours*, Vogeler repensa parfois à cette étrange histoire d'oiseau et d'arbre. Était-ce en lien avec l'écart entre bonheur et travail, entre l'expérience et sa mise en forme, toujours infidèle à la vie réelle ? Rilke voulait-il atténuer cette tension, effacer magiquement les contradictions par des visions surnaturelles qu'il stylisait en mystique érudite ? Dans ces moments-là, le génie se muait en cachottier, le moine en charlatan.

Martha, elle aussi, trouvait leur hôte quelque peu suspect. Il était charmant, bien sûr, mais quand il arpentait la maison d'un air absent ou fixait le jardin depuis la fenêtre en murmurant des choses incompréhensibles et en griffonnant dans son carnet, elle n'était pas rassurée.

Un jour, il renversa par mégarde une tasse de thé qui tomba par terre. Elle se brisa. « Les objets du quotidien, dit-il, refusent le contact avec moi. Ils doivent se languir de vous, chère Martha. »

Était-ce censé être une excuse ? Ou un compliment ?

Lorsque Rilke s'en alla et que Vogeler lui tendit la main, Rilke la prit entre les siennes, la serra et remercia Vogeler pour son hospitalité. « Je vous envie votre maison, dit-il. Voilà une œuvre dans laquelle on peut vivre. Mais c'est *votre* œuvre.

— Revenez prochainement, dit Vogeler. Vous serez toujours le bienvenu ici. »

Quand Rilke lâcha sa main, Vogeler remarqua des taches d'encre mauve sur l'index et le majeur de Rilke, et des traces de peinture verte sous ses propres ongles – tel un vernis scellant leur amitié.

Une fois dans l'atelier, il posa le tableau sur le chevalet, ajouta une étoile dans le ciel, recula de deux pas, inclina la tête. Il manquait encore quelque chose. Il peignit alors dans la fenêtre du pignon de droite la silhouette sombre d'un homme qui regarde dehors et il sut que la toile était terminée.

Quelques jours plus tard, une lettre arriva de Berlin. Rilke le remerciait encore pour son séjour à Brême et Worpswede, et surtout d'avoir accepté d'illustrer *Pour me fêter*. Il lui adressait aussi la suite des vers qu'il avait improvisés devant le tableau dans l'atelier.

L'avenir et le lointain sur ses traits dessinés –
ainsi repose la maison dans le jardin ensommeillé, –
en attente d'un miracle, les marches de la demeure
ne font point erreur...

Pour conclure et marquer son attachement profond au Barkenhoff et à son maître, il s'était permis de rédiger une maxime dans la plus pure tradition allemande. Si Vogeler voulait bien placer cet adage sur le fronton au-dessus de la pièce commune, Rilke en serait très honoré et y verrait une preuve de leur amitié.

Vogeler se fit instruire par le vieux charpentier sur la technique et l'outillage nécessaires pour graver ce genre d'inscription dans le bois. Une fois qu'ils eurent écrit les lettres à la craie sur les poutres du colombage, August se gratta l'arrière de la tête d'un air songeur. « Qu'est'ça veut dire, c'te maxime, Heini ? »

Vogeler regarda August, puis l'adage, puis de nouveau August et tapota l'épaule du vieil homme. « Rien, dit-il en riant. C'est d'l'art, comme mes toiles.

— Et pourquoi c'est-y qu'vous faites un truc pareil ? »

Oui, pourquoi faire de l'art, au juste ? Pourquoi peindre des tableaux ? Pourquoi écrire des poèmes ? Vogeler réfléchit. Peut-être parce qu'on veut être aimé, songea-t-il. Et parce que c'est un plaisir.

« — Par plaisir, finit-il par dire, et pis ça fait passer l' temps.

— Alors y'a plus qu'à. » Le vieux partit d'un rire craquetant de mouette et plaça marteau et ciseau à bois entre les mains de Vogeler.

LUMINEUX SOIT SON DESTIN
TANT QUE LE MAÎTRE EST LE CŒUR ET LA MAIN
DE SA MAISON
LES TILLEULS DES ENVIRONS
DONNERONT À SA DEMEURE
LEUR OMBRE ET LEUR GRANDEUR

⁂

Des faisceaux de lumière traversant les poussiéreuses fenêtres plein cintre emplissent l'espace d'une douce clarté dorée. Une odeur de foin et de courroie, mêlée aux émanations âcres des chevaux et au cuir, flotte dans l'air. Des souris froufroutent entre les bottes de paille. De temps à autre, une chaîne cliquette ou un sabot frappe le sol, et chaque bruit fait trembler les flancs des bêtes. La jument s'ébroue lorsque Vogeler tapote son encolure et lui tend une carotte. Il aime passer du temps à l'écurie, et plus encore en hiver, quand la lumière se fait rare, précieuse et rend visible le souffle chaud des bêtes.

Gottlieb, le cocher, sort la jument pour lui mettre le harnais. Mais le mot cocher ne s'applique pas vraiment à quelqu'un comme Gottlieb. Ce fils de paysan a commencé par aider Vogeler à agrandir le Barkenhoff, après quoi il a voulu changer d'air et, devenu palefrenier, puis cocher et lad dans les haras et les nobles écuries de courses, il a beaucoup appris et a même servi le roi de Wurtemberg à Stuttgart. Là-bas, il a eu l'occasion de conduire Sa Majesté sur le champ de manœuvre dans une voiture à quatre chevaux, gagnant une pièce d'or en récompense. Et puis, il a eu la nostalgie de Worpswede, du pays, des gens et de la langue, il est revenu auprès de Vogeler. Sans Gottlieb, le Barkenhoff qui s'agrandit sans cesse serait inexploitable. Gottlieb sait semer et récolter, labourer et tondre, il a l'œil pour aménager le paysage et les pouces verts pour le jardin. Cela dit, c'est plutôt un collègue qu'un garçon de ferme, plutôt un partenaire qu'un assistant. Le travail commun, qui estompe les frontières entre maître et serviteur, donne à leur relation une note amicale. Quoi qu'il en soit, Gottlieb est indispensable – un homme à tout faire au meilleur sens du terme.

Dans le domaine de l'art, en revanche, Gottlieb n'y connaît rien, mais un jour où ils nettoyaient ensemble l'écurie et où Vogeler a balayé négligemment des toiles d'araignée dans l'angle des fenêtres, Gottlieb l'a pris par le bras en lui expliquant qu'il fallait enlever uniquement les vieilles toiles abandonnées par les araignées. Celles qui n'étaient pas finies et les autres où s'empêtraient leurs proies, il fallait les laisser en place. Les araignées étaient des bêtes très utiles, surtout dans les écuries, parce qu'elles chassaient les mouches et la vermine, et épargnaient du même coup les chevaux.

«— Et pis une toile comm'ça, c'est beau comm'tout», dit Gottlieb en désignant une toile récente.

Vogeler examina de près le motif délicat. La lumière du soleil filtrant à travers la toile projetait des silhouettes en filigrane sur le rebord de la fenêtre. Plus il regardait le tissage vibrant et scintillant comme de la soie, plus il ressentait du respect et de l'admiration. Gottlieb avait bien raison: une toile comme ça, c'était beau. Et utile. Elle permettait de s'instruire. Car à quoi bon faire de l'art si ce n'était pas utile dans la vie? À l'évidence, Gottlieb n'était pas si hermétique que cela aux choses de l'art.

En livrée vert foncé à boutons argentés, la cocarde blanche et verte du Barkenhoff sur son haut-de-forme, Gottlieb est installé sur le siège du cocher de l'attelage jaune à grosses roues, et il s'apprête à conduire Vogeler à la gare d'Osterholz. De là, Vogeler va se rendre à Brême, passer la nuit chez sa mère et enchaîner demain sur Oldenbourg.

Vogeler grimpe sur le siège à côté de Gottlieb. «Pourquoi donc que tu t'es mis sur ton trente-et-un, Gottlieb? Tu m'amènes seulement à la gare.»

Mais le bruit court depuis belle lurette que Vogeler va recevoir après-demain la grande médaille d'or à l'exposition d'art d'Allemagne du Nord-Ouest et qu'elle lui sera remise par le grand-duc en personne. Et quand un bruit court à Worpswede, Gottlieb est forcément au courant. «À tout seigneur tout honneur», dit-il dans son haut allemand maladroit.

Vogeler sourit. «Où es-tu encore allé chercher ça?

— Chez le roi à Stuttgart, dit Gottlieb en faisant claquer son fouet. Hue!»

II

De Brême à Oldenbourg

8 juin 1905

Ludwig Roselius a banni son chauffeur sur le siège arrière de sa Mercedes simplex flambant neuve, il a fait venir Vogeler sur le siège avant droit et il s'est installé lui-même au volant. Le cou tendu vers l'avant, sa calvitie partielle dissimulée sous un coquet béret en cuir, ses lunettes de protection devant les yeux tel un soudeur, le grand mécène s'adonne à la joie de parcourir le monde à vive allure.

«— 32 chevaux! s'écrie-t-il enthousiasmé, pour ne pas dire enivré, par la force du moteur et la vitesse. Imaginez un peu, Vogeler. C'est comme si on avait attelé 32 canassons!»

Ils avalent à présent les lointains bleutés et à peine ont-ils laissé derrière eux les ponts, les maisons et les tours de Brême qu'ils s'élancent sur les chemins et les routes de la Wesermarsch en ce début d'été. Sans le grondement du moteur, entrecoupé par le claquement occasionnel des ratés, on pourrait entendre le léger bruissement des peupliers tout là-haut, dans le vent et la lumière. Les pâturages brillent d'un éclat paisible au bord de la chaussée et un ciel clément coule en bleu entre des montagnes de nuages.

«— L'aiguille du compteur est déjà presque sur 35 ! Là, regardez ! Ce qui veut dire qu'on parcourt très exactement 35 kilomètres. Par heure ! C'est énorme, non ?»

Des oiseaux s'échappent en râlant des arbres, des fourrés et des buissons du bocage. Des vaches en train de paître détalent en ouvrant de grands yeux. Poules, canards, oies, ainsi que les garçons et les filles pieds nus qui les gardent, se sauvent en gloussant, caquetant, criant dans le fossé et suivent d'un regard ébahi le monstre vrombissant. De vieilles femmes apeurées se tapissent derrière les haies et les clôtures des jardins lorsque l'engin menaçant à la carrosserie d'un rouge criard et aux yeux vitreux, tel un insecte en tôle échappé des Enfers, les dépasse en trombe dans un raffut de tous les diables, une gerbe d'odeurs pestilentielles et de poussière.

Ils créent également la panique parmi les chevaux et les soldats du régiment des dragons d'Oldenbourg qui rentrent au trot et en chantant à leur caserne. Les chevaux se cabrent, hennissent et veulent s'emballer. Les fringants messieurs doivent mettre pied à terre car les bêtes sont intenables. Le véhicule frôle triomphalement les cavaliers en faisant fi de leur rage impuissante.

«— Ces gars se prennent toujours pour les maîtres du monde. Ha !» Roselius part d'un rire mauvais. Il est bien placé pour le savoir, ayant passé lui-même ses années de service sur la selle d'un cheval. Il n'en savoure que mieux l'humiliation infligée à ses anciens camarades.

La satisfaction de Roselius devant sa toute-puissance automobile l'empêche de voir un nid-de-poule sur lequel une des roues avant se désagrège dans un bruit de craquement et de chuintement.

« — Eh bien, Petersen, dit Roselius à son chauffeur, vous allez enfin pouvoir faire vos preuves. Ce n'est pas pour rien qu'on a une roue de secours à bord.

— Tout de suite, monsieur le consul général.

— On n'est qu'à quelques pas de Hude. Monsieur Vogeler et moi, nous allons marcher jusqu'au village, où nous déjeunerons. Une fois que vous aurez changé la roue, venez nous rejoindre. J'vous paierai une saucisse et une bière.

— Très bien, monsieur le consul général. »

Ils entrent au Klosterschänke à hauteur des ruines de l'abbaye cistercienne. On leur recommande les asperges fraîches au jambon fumé d'Ammerland, le tout arrosé de vin pétillant de Moselle. Après le repas, ils s'allongent dans l'herbe à l'ombre d'un chêne.

« Vous devriez peindre ce monastère, mon cher, dit Roselius en bâillant. Cela vous irait bien, le Moyen Âge, tout ça, les chevaliers, les moines et les gentes dames... » Il bâille à nouveau et s'endort.

Une brise tiède souffle dans la verdure éclatante, se mêle au bleu du ciel et semble même animer les arcades, les voûtes, les corniches et les fenêtres en ogive de l'édifice en brique délabré. Aucune ligne n'est figée. Si Vogeler peignait de cette manière, il pourrait reproduire l'impression de mouvement d'une action en cours. Je pourrais, se dit-il, fixer la vie en soi, la vie réelle. Cela demanderait une touche moins précise, plus légère parce qu'il lui faudrait imiter l'incapacité de l'œil à déterminer à chaque instant l'emplacement exact des feuilles de chêne dans la brise. À moins que ce ne soit une illusion d'optique ? Un caprice de la lumière ? Il faut dire qu'il a depuis peu des éblouissements, un trouble visuel d'origine nerveuse, selon le diagnostic des médecins désemparés. Dès qu'il contemple une feuille, elle se dissipe, et c'est pareil avec ces briques rouge sang semblables à des cellules vivantes. Tout bouge vers l'avant et vers l'arrière. Tout respire. Tout vit. Mais, sur son tableau qui fait fureur en ce moment à Oldenbourg, les feuilles des arbres et les mines des protagonistes sont pétrifiées dans un engourdissement sans joie ni vie, un formalisme pittoresque qui lui rapporte justement la médaille d'or. C'est une sorte d'adoubement, de couronnement : Heinrich Vogeler, roi de l'Art nouveau. Or il a conscience de n'être qu'un mendiant à la cour de l'art. À la limite ondulante du demi-sommeil, il regarde en clignant des yeux la voûte de feuillage, cet ornement en dédale où il s'est égaré. Cela ne peut pas continuer ainsi, murmurent les feuilles dans le vent, tu dois sortir de ce labyrinthe. Y-a-t-il une issue ? Comment y est-il entré ? Et quand ? Par quoi cela a-t-il commencé ? Par les bouleaux ? Ah oui, bien sûr...

⁂

... les bouleaux dans le pré à l'abandon. Muni d'une bêche, il creusait des trous pour avoir encore plus de bouleaux, toujours plus de bouleaux. Il ne s'en lassait pas. Ces arbres avaient la grâce dansante de jeunes filles, fins et lumineux dans leur feuillage vert tilleul et leurs écorces argentées qui luisaient parfois comme du papier de soie dans la lumière matinale. Même voûtés par l'âge, ils semblaient éternellement jeunes. Et quand l'heure était venue pour eux de brûler sur les foyers, dans les poêles et les cheminées, leurs flammes étaient plus claires et plus douces, leurs cendres d'un gris léger. Si les bouleaux n'avaient pas existé sur cette terre – l'Art nouveau les aurait inventés. Vogeler en personne les aurait inventés pour son Barkenhoff.

C'est dans cette prairie de bouleaux, donc, qu'apparut soudain Rudolf Alexander Schröder, le plus jeune descendant d'une riche lignée de négociants brêmois qui venait de passer son baccalauréat, avait la tête farcie de lubies poétiques et, en fervent admirateur de Vogeler, venait lui soumettre une proposition. Il n'avait, du reste, aucun lien de parenté avec la pauvre veuve Schröder de Worpswede, c'était un cousin d'Alfred Walter Heymel. Heymel, fils adoptif d'un marchand brêmois et consul brésilien richissime, avait hérité d'une fortune considérable à la mort prématurée de son père adoptif, venait d'atteindre sa majorité et pouvait désormais disposer librement de ses millions.

« — Alfred et moi allons fonder à Munich une revue moderne dédiée à l'art et à la culture de très haut niveau sur le plan esthétique, dit Schröder en exposant sa demande, tandis qu'ils buvaient du thé au coin du feu au Barkenhoff. Otto Julius Bierbaum dirigera la rédaction et nous avons déjà quelques auteurs connus qui vont collaborer, Hofmannsthal, Dehmel, etc. Nous aimerions obtenir votre concours pour l'illustration graphique, parce que vous êtes le seul à même de réaliser ce que nous avons en tête. Vos œuvres symbolisent de façon exemplaire les valeurs portées par notre revue. Vous serez amené à placer vos propres travaux et à sélectionner d'autres artistes. Ce n'est pas pour toujours, juste pour l'année de lancement. Une fois que l'affaire sera en bonne voie, vous pourrez nous livrer depuis Worpswede. Nous prendrons en charge vos frais de voyage et mettrons bien sûr un appartement et un atelier à votre disposition à Munich. Alfred ne regarde pas à la dépense. Qu'en dites-vous ?

— Hum... hum... », fit Vogeler. C'était bien joli, tout cela, c'était aussi flatteur pour lui et, vu les moyens de Heymel, les honoraires seraient plus que satisfaisants. Mais Munich ? Maintenant que le Barkenhoff prenait forme ? Et Martha ? Toute seule à Worpswede ?

« — Qu'est-ce qui demande tant de réflexion, Vogeler ? insista Schröder. La revue s'appellera *Insel* – un îlot de survie et un refuge pour nos jeunes talents issus du milieu littéraire et artistique, un témoignage contre l'inculture et la vulgarité, un centre de ralliement pour les prodiges du néoromantisme et de l'Art nouveau. Nous n'imprimerons que des textes de qualité sur un papier de premier choix. Si vous vous chargez de la présentation et supervisez l'ornement, les illustrations et l'impression, notre journal sera le *nec plus ultra* de l'édition allemande. Et puis Munich est une belle ville. Topez-là, Vogeler. Dites-nous quel est votre prix. C'est Alfred qui paie. Cela dit, mon cousin a un sacré caractère, il est déchaîné. Il faut dire qu'il écrit, lui aussi. Des poèmes, surtout... » Schröder marqua une pause et toussota d'un air affecté, voire moqueur, avant de poursuivre. « Tout cet argent rend Alfred parfois insupportable. Exubérant, dépensier, tapageur. Il lui arrive même d'être violent et il fait preuve envers les femmes d'une certaine, comment dire, insatiabilité. De ce point de vue, Munich a de nombreux attraits, vous verrez. Vous finirez par vous y plaire davantage que dans votre triste village marécageux. Alors rejoignez-nous, Vogeler. C'est Alfred qui paie. »

Vogeler demanda deux jours de réflexion. Au bout de deux nuits d'insomnie, il donna son accord. Ses honoraires étaient élevés – mais pas trop pour Heymel. Martha pleura lors de la séparation. Vogeler fit un tableau de cette scène : un chevalier avec casque et cotte de mailles détourne le regard de l'amante en larmes pour se tourner vers les lointains bleus et prometteurs.

Il promit certes le retour au pays et de joyeuses retrouvailles mais, pour l'heure, le chevalier Heinrich se sentait attiré par Munich. Alfred Walter Heymel avait loué tout un étage dans l'élégante pension Beckenbauer, surtout fréquentée par de riches touristes étrangers. Là se trouvaient ses appartements, mais aussi la rédaction de la revue *Insel*.

« — Bienvenue à l'Élysée, lui dit Heymel en l'accueillant. Il rentrait d'une promenade à cheval et tapota du bout de sa cravache sur l'une de ses hautes bottes. Rudi a donc réussi à vous déterrer de votre morne Teufelsmoor. »

Le cousin « Rudi » Schröder, qui avait le goût du luxe et du raffinement, s'était chargé de décorer les lieux. Vogeler admira des aquarelles de Manet, des dessins de Gauguin. Une sculpture de Minne était exposée dans le couloir, une statuette équestre de Napoléon trônait devant un miroir. Heymel se reconnaissait-il en lui ? Entre Napoléon et lui, Vogeler ne voyait cependant aucune ressemblance.

« — Votre style, vénéré maître, dit Heymel, sera la marque de fabrique de ma revue. Et ma revue fera de vous une célébrité. Nous sommes tous les deux gagnants. »

Il en fut ainsi. Le talent tout en retenue de Vogeler, ses compétences et ses connaissances acquises grâce aux parchemins et aux livres d'heures du Moyen Âge, ainsi qu'aux illustrations anglaises de William Morris et au graphisme délicat d'Aubrey Beardsley, lui valurent rapidement la sympathie et le respect des brillants collaborateurs et sous-traitants du journal.

Après que le recueil de Rilke, *Pour me fêter*, mis en forme et en valeur par Vogeler dans les règles de l'art livresque, était paru chez un éditeur berlinois, Vogeler en mit un exemplaire entre les mains du rédacteur Bierbaum. Celui-ci, enthousiasmé, lui demanda l'adresse de Rilke auquel il écrivit sur-le-champ pour lui demander de contribuer à la revue. Rilke envoya aussitôt des poèmes, parmi lesquels *Les Rois Mages*. Vogeler accompagna le poème d'une estampe.

Bierbaum était fou de joie. « Ravissant, extraordinaire, un coup de maître comme on en voit rarement. »

Vogeler, en bon pilote, avait ainsi guidé Rilke jusqu'à l'îlot de la revue. Ce contact, qui s'avéra providentiel pour Rilke, lui apporta le succès – et l'argent – au fil des ans. Mais, à ce moment-là, les deux hommes avaient déjà pris des chemins différents et Rilke fronçait désormais le nez devant les travaux du peintre.

Au grand déplaisir de Vogeler, Heymel et Schröder traitaient leurs employés avec l'arrogance blasée des hauts milieux de la finance, mais entretenaient des relations amicales, parfois familières, avec les écrivains et artistes du journal. Lorsqu'on était convié à un dîner, Schröder aimait s'installer au piano à queue Bechstein et improviser dans la veine néoromantique, tandis que le serviteur de Heymel, en livrée couleur café, dressait la table à côté. Des bougies blanches brillaient sur des candélabres en argent, la table ronde était recouverte de brocart d'or en soie blanche, un parfum délicat émanait de chrysanthèmes blancs. L'entrée et la soupe étaient servies sur de la faïence anglaise de Wedgwood, et l'on avait aussi de la porcelaine de Sèvres et de Nymphenburg, des assiettes au fond orné de fleurs de lotus blanches fardées d'une teinte bleuâtre par le clair de lune. On dégustait des vins clairs dans de vieux verres vénitiens et du vin rouge dans des coupes Renaissance en argent, dorées à l'intérieur. Au centre de la table, parmi des fruits de l'hémisphère sud et des colonies, un perroquet vert vif en porcelaine de Meissen était perché sur un tronc blanc en porcelaine. Des orchidées ondulées aux fleurs rose violet s'élevaient du tronc et planaient, tels des insectes tropicaux, au-dessus des teintes blanches et dorées de la table.

Heymel trouva les couverts en argent trop lourds. « Nous pouvons faire mieux, n'est-ce pas, cher Vogeler ? »

Vogeler réfléchit un instant, puis acquiesça. « Je crois que oui. Il faudrait prendre pour modèle la surface plate des feuilles de tulipe. Cela fournirait une base pour créer des couverts à la fois fonctionnels et esthétiques. Il suffit de façonner les formes naturelles de sorte qu'elles paraissent abstraites, nées des nécessités de l'usage pratique. »

Heymel enleva un reste de sauce aux truffes au coin de ses lèvres. « Bravo, Vogeler, j'ai tout de suite su que vous étiez la bonne personne. Je vais bientôt emménager dans un logement plus grand. Il y manque encore deux ou trois choses. Faites-les donc. »

Et Vogeler les fit. Dans son atelier, entouré de murs peints simplement en gris, des esquisses virent le jour pour l'argenterie, les chandeliers et les candélabres muraux au motif de tulipe, pour des miroirs encadrés de vrilles maintenues par un oiseau imposant, pour des rideaux de soie grise en bas desquels jaillissaient de lourds volants en bouquets de roses claires brodées, eux-mêmes suspendus à des rubans de soie retenus par des roses brodées. Chez Heymel, ces rideaux faisaient l'effet de robes froufroutantes et vaporeuses. Un pare-feu en laiton composé de roses enchevêtrées vint orner la cheminée. Des arméries flamboyantes croissaient pour former une ondulation rythmée de rosiers en fleurs. Porcelaine. Mobilier. Verres. Bijoux. Poignées et ferrures de portes. Patères. Selon les besoins et la demande, Vogeler serait allé jusqu'à dessiner des clous, des vis et des cuvettes de toilette. Il travaillait avec frénésie, apprenait beaucoup et gagnait très bien sa vie. Pour Noël, Heymel lui offrit Karla, la chienne barzoï. Vogeler mettait parfois en pratique son idée fondamentale, selon laquelle la forme devait s'adapter à la fonction, mais il s'égarait encore souvent dans les dédales de l'ornementation, où il n'y avait ni pause, ni vide – ni aucune issue face à une telle profusion.

Lorsque la nouvelle demeure de Heymel dans la Leopoldstraße fut terminée, les rumeurs les plus incroyables circulèrent au sujet du luxe incommensurable et du gaspillage de matériaux nobles soi-disant acheminés par bateau, train, convois d'esclaves et de chameaux depuis les zones les plus reculées du globe – des trésors que le multimillionnaire, sur les conseils de Schröder, son cousin snob, et de Vogeler, son artiste intrigant, avait fait repeindre en couleur banale, afin de ne pas passer pour un nouveau riche ou un nabab.

Heymel organisait de grandes fêtes, mais aussi de petites soirées entre hommes destinées aux musiciens, aux écrivains et aux artistes. Après le dîner, on se rendait dans un fumoir où l'on était attendu par des dames conviées pour l'occasion.

Elles fournissaient aux messieurs moka et schnaps, cigares et cigarettes, voire une petite pipe d'opium pour les plus téméraires. Heymel se débarrassa de la veste de son costume anglais, histoire de montrer que personne ne devait se gêner, et il se fit apporter un gilet japonais en soie verte avec un héron brodé en fil d'argent, passant ainsi du millionnaire au bohémien. Au cours de ces soirées, la consommation d'objets de luxe était grotesque. Les verres vénitiens volaient en éclats, le champagne se déversait sur les fauteuils, le parquet et dans les décolletés, les bougies faisaient sombrer de précieux tapis persans sous des glaciers de cire.

Pour danser, en revanche, on allait dans la petite salle, un joyau de Vogeler. L'espace était découpé en une multitude de glaces noires carrées au rythme modulé par de vrais miroirs. La lueur rougeâtre du feu qui scintillait derrière les silhouettes ajourées du pare-feu lançait des flammèches chaleureuses et stellaires dans ce monde miroitant. L'espace se dilatait dans un éclat mille fois reflété vers l'infini – l'infiniment artificiel.

Les dames de service, présentées d'un air entendu comme des veuves malgré leur jeune âge, connaissaient parfaitement ces vastes lieux et, lorsque leur proposition recevait un accueil favorable, elles conduisaient les messieurs dans un soi-disant salon d'habillage consacré au déshabillage.

Une fois, une seule fois, Vogeler se retrouva lui aussi dans un de ces boudoirs. La veuve était blonde, elle lui rappelait la Vénus de Botticelli, donc Martha, et le chevalier Heinrich, brave et fidèle en temps normal, se délesta de son armure, à moitié entraîné, à moitié affaissé sur le divan. L'aventure fut bien évidemment aussi fade que du champagne éventé, la veuve étant trop détachée, le chevalier déconcentré parce qu'il songeait à sa fiancée qui l'attendait à Worpswede et aussi, justement, à Rilke qui s'appelait encore René avant d'être anobli au titre de Rainer, Rilke perdu sur le canapé du salon de la signora Aretino entre deux comtesses et finissant par détaler en compagnie de Vogeler. Dans le café au bord de l'Arno, Rilke avait ensuite évoqué d'un ton pontifiant la parenté entre les plaisirs de la chair et la création artistique, variantes d'un seul et même désir. Mais le désir à lui seul, hélas, ne suffisait pas à faire de bons tableaux...

Vogeler resta six mois à Munich et réalisa trois numéros de la revue *Insel* – ainsi que la demeure de Heymel. Le triumvirat éditorial s'effondra. Bierbaum s'occupa tout seul du travail de rédaction. Schröder perdit l'envie et se retira du projet. Heymel perdit la vue d'ensemble. La vie exigeait trop de ce bon vivant : les chevaux, le polo, les femmes, pas uniquement les veuves, mais toutes sortes de branches collatérales composées d'actrices et de danseuses, sans oublier la bonne chère et le champagne au petit-déjeuner. Il laissa la revue en plan, mais participa encore à la fondation des éditions *Insel*.

Vogeler rentra au Barkenhoff et peignit la scène, le pendant des adieux : le chevalier rentrant au pays enlace sa gracieuse fiancée blonde, entourée – forcément – de jeunes bouleaux. L'atmosphère est celle d'un dernier jour de printemps. Les roses sont sur le point d'éclore et demain ce sera l'été. Les couleurs sont pleines d'un crépuscule délicat, d'une lumière qui ne semble pas tout à fait prête. Mais à l'arrière-plan se dressent deux arbres grands et vieux, on distingue une porte entre leurs troncs, une issue peut-être, et leurs cimes feuillues s'entrelacent...

⁂

... s'unissent pour former une voûte verte qui oscille au gré du vent devant la teinte rouge brique du monastère en ruine. Un bruit de moteur. Une odeur d'essence. Vogeler sort brusquement de son demi-sommeil, regarde autour de lui en clignant des yeux. Le chauffeur a changé le pneu endommagé et il attend ces messieurs.

« — Beau travail, Petersen, dit Roselius. J'aime autant que ce soit *vous* qui conduisiez, sinon on va encore avoir un accident. J'vous paierai une deuxième bière ce soir. » Roselius rit de lui-même. « En route, Vogeler, montez. Nous ne voulons pas faire poireauter le brave Theo. »

Le brave Theo s'appelle en réalité Theodor Francksen, un érudit, collectionneur et mécène d'Oldenbourg qui a hérité d'une fortune colossale à la mort prématurée de ses parents.

« — Le vieux, raconte Roselius, tandis qu'ils traversent à vive allure les allées de chênes et les grandes routes poussiéreuses, laissant derrière eux les fermes à colombages couvertes de chaume et les pâturages, où bestiaux et chevaux ébahis s'effarouchent devant la concurrence en tôle qui pétarade et empeste, le vieux Francksen, donc, était issu d'une famille de paysans, des vrais de vrais, et il s'est enrichi dans le commerce des céréales. Mais le brave Theo n'est pas taillé pour ça, déjà enfant il était tout le temps malade, il a eu la tuberculose, le pauvre. Il passe des mois en voyage, la Suisse, le Midi de la France, Monte-Carlo, les cures, les sanatoriums, les stations thermales, il espère toujours une amélioration. Et l'Italie, encore et toujours. Il en profite pour acquérir tous les vases et toutes les terres cuites antiques. Il collectionne aussi la porcelaine de Chine. Il collectionne quantité de choses. Mais bon, je le comprends. Il faut bien dépenser tout cet argent. Et maintenant appuyez sur le champignon,

Petersen. Cette bagnole devrait quand même pouvoir atteindre les cinquante à l'heure.

— Même soixante, à ce qu'il paraît, monsieur le consul général. Mais il nous faudrait un circuit bien lisse, pas cette piste cabossée.

— Ah oui ? Nous sommes presque arrivés, de toute façon. Ah, Vogeler, voilà qui devrait particulièrement vous intéresser : Theo vient d'acquérir plus d'une centaine d'estampes japonaises en couleurs. Et, si vous êtes gentil avec lui, il vous montrera peut-être ses gravures de Goya. Il achète aussi les œuvres contemporaines, bien sûr, il a un faible pour ses compatriotes. Cela m'étonne qu'il n'ait encore rien acheté de vous. Mais il n'est jamais trop tard pour bien faire... »

Ils ont déjà dépassé les faubourgs ruraux d'Oldenbourg. Petersen ralentit pour traverser un quartier résidentiel huppé. Un soleil intense de fin d'après-midi repose sur les façades où grimpent des roses ; des voiles abondants de lierre et de vigne enveloppent balcons et loggias, galeries et encorbellements soutenus par des cariatides et des canéphores. Les jardins exhalent des parfums de giroflées jaunes, d'œillets, de jacinthes ; des rhododendrons blancs, rouges, mauves semblent presque s'effondrer sous le poids de leur floraison. Lauriers-cerises, ifs et haies de buis bordent les pelouses qui accueillent tonnelles et pavillons.

« — Ça a toujours du charme, ces petites villes résidentielles allemandes, s'enthousiasme Roselius, alors qu'ils longent une allée de vieux tilleuls aux bourgeons tout juste éclos, c'est beau comme un tableau ! On sent la gaieté pleine de grâce, la poésie, l'agrément, l'idylle et la culture paisible.

Qui songerait à faire la révolution ? Ici ta vie file vite et bien – et pas que sur le Rhin ! Pas étonnant que Theo s'y sente bien. Qu'est-ce que vous en dites, Vogeler? Dites quelque chose, vous aussi ! »

Vogeler est content de ne pas être obligé de parler parce qu'ils arrivent justement devant la somptueuse, voire pompeuse villa début du siècle de Francksen. La demeure est située, comme il se doit, rue des Roses. Que répondre à cela ? La grâce, la poésie, l'agrément, c'est son fonds de commerce, mais il lui sort par les yeux. Il ne peut évidemment en parler à personne, et surtout pas à cette poule aux œufs d'or qu'est Roselius.

Petersen sort les valises de la voiture, un domestique en livrée les porte dans la maison. Les messieurs sont accueillis par mademoiselle Knoche, jadis bonne et préceptrice de Francksen, aujourd'hui gouvernante. Elle esquisse une révérence lorsque Roselius lui tend la main. Le maître de maison, murmure-t-elle d'un air grave, est indisposé et les prie de l'excuser, il espère néanmoins pouvoir les rejoindre pour le souper. Monsieur le consul général Roselius n'est pas sans ignorer la fragile constitution de Theo.

Le domestique les conduit dans les chambres des invités à l'étage. Il précise qu'ils sont attendus à dix-huit heures trente pour l'apéritif sur la terrasse. Cela lui laisse encore une heure et demie. La fenêtre offre une vue sur un vaste jardin à l'arrière de la propriété, une profusion de roses et de rhododendrons, des statues antiques ou inspirées de l'Antiquité, une fontaine, un pavillon japonais. La pelouse descend en pente douce jusqu'à une petite rivière derrière laquelle s'élèvent la vieille ville, le haut d'une tourelle, quantité de colombages, un rien de classicisme.

Vogeler saisit son carnet et son crayon, rapproche une chaise de la fenêtre. Si Roselius tient absolument à l'idylle et à la poésie, il va être servi. Et il devra y mettre le prix. L'aménagement du Barkenhoff engloutit des sommes folles, valets et servantes doivent recevoir des gages corrects, la famille qui s'agrandit coûte beaucoup d'argent, il faut financer les grandes réceptions, entre autres, et faire sans cesse crédit aux Rilke qui vivent en vagabonds, les voyages coûtent cher, il y a des factures par ici, des frais par là et des dépenses partout. Le chevalier Heinrich est bien forcé de se muer en type débrouillard qui sait à quelle porte frapper.

Voilà qu'apparaissent de nouveau ces éblouissements qui partent du coin des yeux, accompagnés d'une douleur lancinante au niveau des tempes. Les éblouissements se transforment en pulsations ; anneaux et bulles se dilatent devant son champ visuel. Quand il ferme les yeux, ces motifs errent encore un moment dans la nuit de la rétine avant de disparaître. Il se frotte les yeux, baisse le store vert et se détourne de la fenêtre.

Cela a commencé quelques mois plus tôt. Il avait comme mission de réaliser une gravure pour une famille aisée à l'occasion de leurs noces d'argent. Il fallait que leur manoir soit représenté, mais aussi la famille. Les visages lui posèrent problème, on aurait dit qu'ils refusaient d'être fixés par lui. Il les grava sur la plaque à l'aide d'une loupe. Une fois le travail terminé, Vogeler ressentit les éblouissements, puis la douleur. Il les attribua aux reflets de la plaque brillante. La gravure fut livrée à temps et très bien payée, mais il n'y voyait pratiquement plus, il se réfugiait dans des pièces obscurcies pour éviter la lumière du soleil et il consulta des ophtalmologistes à Brême et Hambourg. On ne diagnostique aucune affection organique, mais une sur-sollicitation évidente du nerf optique. Il travaille trop, voilà tout. Les médecins recommandent le repos, des cures, des séjours de plusieurs semaines ou mois en sanatorium. Et l'air marin. L'air marin fait du bien ! Que dirait-il des îles de la Frise orientale ? Juist, Norderney, Langeoog.

Un médecin de Hambourg, qui a vécu et exercé quelques années sous les Tropiques pour la maison de commerce Laeisz, lui conseille même Sumatra, Bali ou Ceylan. L'armateur propose au célèbre artiste une place dans une cabine confortable, à titre gracieux, sur un grand voilier neuf qui doit importer du salpêtre du Chili à Hambourg. En contrepartie, Vogeler devra peindre quelques tableaux, des marines, pendant la traversée et les laisser à la compagnie maritime. Vogeler était sur le point d'accepter lorsqu'on lui expliqua que l'aller-retour durerait plus d'une année.

Il déclina donc l'offre, car elle tombait en même temps que les préparatifs pour l'exposition d'Oldenbourg qui lui rendrait plus hommage que toutes les expositions précédentes. Au lieu de prendre la mer sur le navire à cinq mâts *Preußen*, de doubler le Cap Horn et de débarquer à Valparaiso, Vogeler se plaça devant son *Concert* toujours inachevé et, après avoir baissé les stores, il peignit minutieusement, tout en ayant mal aux yeux, les feuilles de buis, les cols en dentelle, les tuiles du toit et la fourrure soyeuse de Karla. Roselius va avoir ce qu'il veut, la grâce et la poésie...

On frappe à la porte. Le domestique en livrée annonce que le maître de maison l'attend pour l'apéritif.

Vogeler se regarde dans le miroir au-dessus de la commode. Il porte encore sa tenue de voyage aussi confortable qu'élimée. Impossible de se présenter ainsi devant le maître de maison.

Francksen doit attendre ce que le monde entier attend de lui, à savoir un col Biedermeier et tout le tralala, Francksen va donc obtenir lui aussi ce qu'il désire – surtout s'il achète des contemporains. Vogeler se change, enfile son gilet en étoffe de Scharmbeck, bleu à l'extérieur et pourpre à l'intérieur, la chenille insignifiante s'avère être un splendide papillon multicolore. Il faut dire que le papillon a quelque chose à vendre et, au fond, songe Vogeler avec colère, il s'offre à la vente dans la foulée, car si le papillon Vogeler n'était pas aussi bariolé, les affaires seraient sûrement moins bonnes.

Les invités se retrouvent sur la terrasse. Francksen vient vers Vogeler, les mains légèrement ouvertes, comme pour le serrer dans ses bras. L'homme très mince à l'allure fragile porte un costume de lin clair avec un gilet en soie vert tilleul, sur lequel pend une chaîne de montre en or, et une cravate en soie vert foncé sur un col officier. Il a un teint cireux qui tire sur le jaune. Deux yeux vifs et curieux scrutent Vogeler à travers un pince-nez à monture dorée au-dessus d'une moustache aux pointes recourbées.

« — Bienvenue. Francksen serre si fermement la main de Vogeler qu'il sent sa chevalière. C'est un honneur de pouvoir enfin vous accueillir dans ma maison. Et quelle occasion réjouissante ! Pour les félicitations, nous attendrons bien évidemment demain, quand on vous remettra la médaille. » Francksen parle d'une voix basse, rauque et essoufflée. L'homme est malade, cela se voit et cela s'entend.

Une bonne portant un tablier amidonné blanc comme neige et une petite coiffe en dentelle offre des coupes de champagne sur un plateau en argent. Lorsque Francksen lève son verre et porte un toast – « aux muses, à l'amitié » –, Vogeler aperçoit la pierre de sa chevalière, un héliotrope vert foncé, assorti au gilet et à la cravate.

Sont invités, outre Vogeler et Roselius, un directeur de banque, ainsi que le président du tribunal du Land avec leurs épouses qui sont engagées dans l'association des amis des arts et persuadent parfois leurs maris d'acquérir une œuvre ou une autre. Sont présents également les collègues peintres de Vogeler, Georg Müller vom Siel, accompagné par une de ses élèves racées, et Bernhard Winter en compagnie de sa femme. Tous deux participent à l'exposition qui sera inaugurée demain et Francksen a déjà acheté plusieurs de leurs toiles.

Lorsque Vogeler a livré son *Concert* il y a une semaine, dans l'urgence et en dernier – les couleurs n'étaient pas encore tout à fait sèches – et qu'il a contrôlé la mise en place et l'assemblage du cadre, les tableaux de ses collègues étaient déjà accrochés. La *Pièce commune* de Winter, où l'on file du lin, témoigne de l'honnêteté réaliste d'un artisan solide, alliée à la minutie d'un professeur d'histoire – des qualités qui lui ont forcément valu le titre de professeur et le poste de peintre de cour à Oldenbourg. Müller vom Siel, qui a fondé une colonie d'artistes à Dötlingen, au sud d'Oldenbourg, est cependant d'un tout autre calibre. Son *Paysage fluvial* atteste d'une maîtrise technique très sûre et d'un grand sens du détail, mais, contrairement à la lourdeur statique de Winter, le réalisme de Müller vom Siel laisse vibrer la lumière et l'atmosphère comme seul Courbet savait le faire. Vogeler le reconnaît avec admiration et, si la médaille d'or devait être attribuée à un de ses collègues, Müller vom Siel la mériterait.

«— Votre paysage, dit Vogeler, pourrait presque me rendre jaloux. Il *vit*.»

Müller rit, lève son verre et trinque avec Vogeler.

«— Il est bien plus vivant en vrai. Venez donc nous rendre visite à Dötlingen. Vous verrez par vous-même.»

Les honorés messieurs sont invités à se rendre dans le Salon blanc pour le souper. Pour ce faire, on traverse une salle et des couloirs où sont exposés toutes sortes de portraits et peintures de genre signés Winter, ainsi que quelques gravures de Müller. La qualité des gravures suscite quand même un brin de jalousie chez Vogeler.

«— Évidemment, mes tableaux ne sont pas toujours accrochés à ces murs et ceux du brave Winter non plus, murmure Müller à Vogeler lorsqu'ils pénètrent dans la salle à manger magnifiquement meublée et pompeusement décorée dans le style rococo. Mais il faut dire que Francksen est un hôte hors pair. Cet homme a du goût. Voyez plutôt...»

Müller plisse un œil avec un petit sourire et fait un signe de tête en direction d'une console sur laquelle sont posés, avec une feinte négligence, un ancien numéro de la revue *Insel* et une demi-douzaine d'ouvrages illustrés par Vogeler. En haut de la pile trône la luxueuse édition de *La Cloche engloutie* de Gerhart Hauptmann et le volume des *Contes et Récits* d'Oscar Wilde est ouvert comme si Francksen, arraché à sa lecture par l'arrivée des invités, venait tout juste de le feuilleter.

Vogeler tressaille. Les contes de Wilde, justement! Vogeler a orné et illustré cet ouvrage dans les règles de l'art, l'art de son style unique: oiseaux fabuleux, cygnes sur de sombres étangs, éléphants et dragons, créatures issues de feuilles et de fleurs, dont le plumage ondulant se transforme à nouveau en branches, fruits et fleurs tout en courbes, calices qui expulsent des calices – une abondance de formes qui exige la couleur, la couleur criarde, douce, caressante, aguichante. Les feuilles sont certes de nature organique, mais la juxtaposition des surfaces crée un monde fermé, exclusif. Nulle part ne s'ouvrent un horizon, une vue, une nouvelle perspective. Nulle liberté nulle part. Un beau rideau qui masque la réalité, un mur qui exclut la vie. Lorsqu'il a illustré le conte du *Géant égoïste*, il a soudain pensé qu'il a un lien de parenté avec ce géant qui chasse les enfants jouant dans son jardin et construit un mur tout autour, si bien que le jardin sombre dans l'hibernation permanente. Vogeler pressent que son romantisme ne tend pas vers l'ouverture, mais vend des rêves, des univers imaginaires, des châteaux en Espagne, des décors, des contes de fées – et, sur le plan artisanal, des futilités de premier ordre, de coûteuses bagatelles, de nobles fanfreluches. L'ensemble fuit le présent et ses conflits, ce qui explique son succès, il console et enjolive une époque dont le bruit industriel, la cadence et le rythme des machines nous dépassent. Le chevalier Heinrich ? Le type débrouillard ? L'acteur Biedermeier ? Le géant égoïste ? Plus Vogeler connaît le succès et la gloire, plus il devient étranger à lui-même. Il sera bientôt réduit à un point d'interrogation vivant qui croulera sous un flot d'ornements floraux.

À table, la conversation cahote et bute sur les formules et les phrases toutes faites. Chacun sait pourquoi Vogeler est venu à Oldenbourg et loge chez Francksen, et tous tentent soigneusement d'éviter le thème de l'exposition pour ne pas vexer Müller vom Siel et Winter. Selon la rumeur parvenue jusqu'à Worpswede, Winter comptait sur la victoire, mais le comité de sélection et le jury n'étaient pas suffisamment entre les mains des gens d'Oldenbourg pour que les lauriers reviennent à la célébrité locale. On chuchote qu'Alfred

Lichtwark, le directeur de la Kunsthalle de Hambourg, a fait la remarque suivante en sa qualité de président du jury : « Les toiles de la plupart des peintres n'ont certes pas de défauts, mais ce ne sont pas des tableaux. Les toiles de Vogeler ont des défauts mais, au moins, ce sont des tableaux. » Il s'agit d'une simple rumeur, bien sûr, et d'une déclaration un tantinet énigmatique, mais on aime autant ne pas en parler quand on est entre soi. La réussite fait du bien, elle a bon goût, elle entraîne la réussite. Vogeler le sait parfaitement, mais il sait aussi qu'elle repose sur l'échec d'autrui. Et la gloire ? Rien d'autre que l'ombre trompeuse de la réussite...

La conversation tourne autour des collections de Francksen qui s'agrandissent sans cesse. Il raconte qu'il manque de place dans sa villa pour accueillir et présenter le tout de façon appropriée. Il a donc l'intention d'acheter la maison voisine et de la relier par une aile à sa villa. « Et, le moment venu, cher monsieur Vogeler, je serais ravi de pouvoir compter moi aussi sur vos talents de créateur et d'architecte. »

Francksen est en mesure de lui adresser ce compliment, assorti d'une vague promesse de commande certainement des plus lucratives, en présence de Müller vom Siel et Winter car seul Vogeler peut être considéré comme un artisan d'art, un architecte d'intérieur et un designer.

Vogeler acquiesce. « Ce serait un honneur pour moi.

— Nous avons entendu dire monts et merveilles de la maison de Heymel à Munich », dit l'épouse du président du tribunal du Land.

Vogeler décline l'éloge d'un geste. « Cela remonte déjà à cinq ans.

— Peu importe. Quant à la *Güldenkammer* de l'Hôtel de ville de Brême...

— Elle n'est toujours pas finie. »

Vogeler affiche un sourire crispé, la *Güldenkammer* ayant encore aggravé son trouble visuel parce qu'il est débordé de travail. C'est trop. Et cela ne s'arrête jamais. Ça suffit. Et ce n'est toujours pas fini. Une roue à aubes qui broie le zèle, l'ambition et la pénurie constante en grains gris et grossiers.

« — Au diable le manque de place – allons-nous voir aujourd'hui ta nouvelle acquisition, Theo ? demande Roselius au moment du dessert. Ces estampes japonaises ? Monsieur Vogeler est très intéressé. »

Vogeler s'étonne. Comment sait-il que je suis intéressé ? Pourquoi dit-il cela ?

« — On les voit mieux à la lumière du jour, dit Francksen, puis, s'adressant à Vogeler : Demain après le petit-déjeuner.

— Très bien », dit Roselius.

Parce qu'il dispose de moi, pense Vogeler. Parce qu'il me voit comme sa propriété, son artiste-esclave.

« — Après le petit-déjeuner ? Ah, quel dommage. L'épouse du directeur de banque fait la moue et adresse un regard langoureux à Francksen. Je ne dors pas ici, moi, hélas.

— Je t'en prie, Gertrude », dit son mari en simulant l'indignation, ce qui suscite l'euphorie générale.

La soirée étant encore douce, les hôtes sont de nouveau conviés sur la terrasse pour prendre moka, liqueurs et cigares. Entre les fleurs de rhododendrons et d'azalées, des lampions japonais projettent leur lueur orientale dans le parc.

«— Ludwig s'extasie toujours sur votre jardin, dit Francksen. J'aimerais bien savoir ce que vous pensez du mien. Venez...»

Il prend Vogeler par le bras. Roselius se joint tout naturellement à eux. Comme un chien de garde, songe Vogeler. Aurait-il peur que Francksen m'enlève, me soustraie à lui ? Que Francksen m'offre davantage ?

Une allée de galets blancs traverse une pergola recouverte de rosiers grimpants, longe une grotte de style antique et un étang de nénuphars rempli de nymphes, naïades et ondines en béton, jusqu'à un pavillon de thé Art nouveau qui aurait pu être dessiné par Vogeler. Une petite table en bambou accueille des verres et un seau à glace contenant une bouteille de champagne. Au plafond est suspendue une lampe électrique dont l'abat-jour se compose de morceaux de verre colorés.

Vogeler s'étonne. «Une lampe Tiffany ?

— Exact. L'Art nouveau américain. Je l'ai fait venir l'année dernière de New York.»

Vogeler se rapproche. «J'ai lu que Tiffany, lors d'un voyage en Égypte, a été inspiré par les verres dans les tombeaux des pharaons. Les divers éléments sont visiblement sertis dans une feuille de cuivre, puis soudés les uns aux autres. Une technique intéressante. Un travail soigné. C'est pratique et joli...

— Joliment ruineux aussi », ajoute Roselius.

Francksen fait un geste de dédain. On ne parle pas d'argent puisqu'on en a. Son père s'évertuait encore à gagner de l'argent, tandis que Francksen vit dans un monde où on le dépense – pour l'art, par exemple, qui coûte de l'argent mais en rapporte peu, malheureusement, ce qui est toujours plus raisonnable que de le dépenser pour les femmes qui ne connaissent rien à l'art, ni à l'argent. Est-ce ainsi que les deux mécènes voient les choses ?

« — Vous vous y entendez en artisanat, monsieur Vogeler, dit Francksen, et en art tout court. J'aime ça. On boit un petit verre ? Francksen va vers la table et remplit trois verres. À l'artisanat », dit-il.

Roselius sourit d'un air entendu. « Et à ceux qui en vivent. »

On trinque et on boit. Il attend quelque chose de moi, pense Vogeler. Il ne s'agit pas de son jardin, ni de l'aménagement de la maison voisine. Que veut-il ?

« — L'exposition sera inaugurée demain, dit Francksen, mais j'étais déjà sur place avant-hier et j'en ai fait le tour. Les premiers arrivés sont les premiers servis. Vous me suivez ? »

Vogeler acquiesce. Voilà donc d'où vient le vent. Roselius fronce les sourcils.

« — Votre tableau, poursuit Francksen, je veux dire, bien sûr, *le* tableau, est fantastique. Un chef d'œuvre. Il capture l'esprit du temps, il est colossal, tout en étant plein de grâce, réaliste, sans artifice, mais débordant de musicalité, intemporel, un pur délice. »

Rien de tout cela n'est vrai, pense Vogeler, c'est ma déclaration de faillite…

«— Pour faire court: j'aimerais l'acheter.»

Le silence règne quelques secondes. Le vent apporte un brouhaha, un cliquetis de verres et des rires discrets en provenance de la terrasse.

Roselius éclate soudain de rire. «Ah, cher Theo! dit-il en pouffant. Tu l'as dit. Les premiers arrivés et caetera. Le tableau est vendu depuis longtemps.

— Ah bon? À qui?» Dans l'amabilité lasse de Francksen jaillit, le temps d'un battement de cils, la méfiance du concurrent.

«— À moi, bien sûr. À qui d'autre?

— Bien sûr…» Francksen est déçu.

«— Je l'ai acheté sur pied, pour ainsi dire, ajoute Roselius.

— Qu'est-ce que tu entends par là?

— Tu devrais comprendre, Theo. C'est ainsi que ton cher papa, Dieu ait son âme, a fait des affaires très rentables. On achète aux paysans leurs céréales tant qu'elles sont encore dans les champs. Cela comporte un risque, bien sûr. Une récolte est vite ruinée par la grêle. Quant à savoir si un tableau auquel le peintre travaille encore sera tel qu'on l'espère ou sera même achevé un jour, on n'en a aucune idée, l'artiste lui-même l'ignore…»

⁂

«… Mais je fais confiance à votre génie, mon cher Vogeler, dit Roselius. Dites-moi simplement quel est votre prix.»

Le soir du jour d'été où Roselius avait sillonné Worpswede en Père Noël de Cafrerie, ils se trouvaient dans l'atelier de Vogeler à boire du vin. Roselius avait choisi quelques gravures et dessins érotiques, mais ne semblait pas encore satisfait de son butin.

«— Vous n'avez rien de nouveau en peinture à l'huile, maître?»

Vogeler hésita et finit par lui montrer un tableau sur lequel Martha, tout de vert vêtue, des tulipes jaunes à la main, les inévitables bouleaux à l'arrière-plan, est appuyée à la balustrade du Barkenhoff et regarde le spectateur, la tête légèrement penchée.

«— Cela pourrait peut-être s'intituler *Soir de printemps*, dit-il, mais je ne souhaite pas le céder. Ce n'est qu'une sorte d'étude préliminaire pour quelque chose de plus grand.

— Qui serait?

— Un tableau de groupe recréant l'atmosphère qui régnait au Barkenhoff l'été dernier, lors de nos petits concerts nocturnes, par exemple.

— Dommage que je n'aie pas pu y être, dit Roselius. Vous parliez à l'instant de "quelque chose de plus grand". A quel format songez-vous donc?

— Environ deux mètres sur trois. Peut-être. Mais je ne sais pas encore…

— Tonnerre de Dieu! Grandeur nature! Roselius se leva, fit les cent pas dans l'atelier. Y a-t-il d'autres études préliminaires? Des esquisses?

— Écoutez, Roselius, il n'y a pas grand-chose à voir, tout cela est en cours, comme un œuf que la poule n'a pas fini de couver. Et plus j'y travaille, plus j'ai du mal.»

Après un bref silence, durant lequel Roselius semblait réfléchir ou faire des calculs, il avait prononcé les phrases suivantes: «Mais je fais confiance à votre génie, mon cher Vogeler. Dites-moi simplement quel est votre prix.

— J'ai besoin d'un temps de réflexion, dit Vogeler. Accordez-moi jusqu'au petit-déjeuner.»

⁂

Un temps de réflexion? Vogeler ne trouve pas le sommeil durant la nuit. La lumière de la lune tombe sur son drap, aussi pâle et maladive que le visage de Francksen. Acheter sur pied… ridicule. Le prix demandé par Vogeler était énorme, presque indécent, mais Roselius paya avec un sourire. Peut-être que Vogeler pourrait racheter son tableau? Ou l'échanger contre d'autres plus réussis? Il faut qu'il le récupère, qu'il le cache ou, mieux encore, il va le détruire. Si seulement l'exposition n'avait pas lieu demain, s'il n'avait pas achevé son tableau, s'il l'avait laissé sur pied. Roselius aurait alors fait un mauvais calcul. Peut-être que le tableau n'est pas terminé, d'ailleurs – Vogeler s'est contenté de l'abandonner. Au fond, c'est pareil pour chaque toile: étant donné qu'on n'est plus celui qu'on était lorsqu'on a commencé, on devrait, tel Sisyphe, une fois arrivé au bout, tout reprendre au début, repartir d'en bas. Mais on serait pris dans le tourbillon infini du doute de soi et contraint de travailler sa vie durant à une seule œuvre. Pour son *Concert* ou *Soir d'été* – Vogeler se fiche pas mal du titre – il a bien failli se noyer dans ce tourbillon. Il y a travaillé quatre, presque cinq ans en le modifiant, le rejetant, le reprenant sans cesse, il a mis des bouleaux à la place du buis et du buis à la place des bouleaux, il a peint Martha dans des poses et tenues diverses, avec et sans chien, il s'est représenté lui-même, avant de se cacher à moitié derrière son frère, et il a rajouté Rilke avant de l'enlever, le chasser du Barkenhoff.

La toile est imprégnée et née de l'atmosphère inoubliable d'un seul été, d'un mois d'été finissant, durant lequel Worpswede était métamorphosé en Arcadie et le Barkenhoff en Élysée, l'île des Bienheureux. Ce court été d'harmonie vit fusionner l'amour et l'amitié, la nature et l'art, la joie de vivre et le travail en un accord aérien qui, à peine formé, se dissipa comme les fleurs de magnolia en mai.

Or la toile ne montre justement *pas* cet enchantement, mais la tristesse devant sa perte et la conviction que cette atmosphère ne reviendra jamais. C'est une énigme, le chant du cygne pour une époque où les rêves avaient encore cours – une invocation ratée des esprits. De ce point de vue, le tableau est bel et bien achevé puisqu'une vérité cruelle s'est insinuée sous la main et contre le gré de l'artiste, la vérité du bonheur perdu chassé par un démon, la vérité du sourire figé.

La fin se profila lorsque Rilke, en prêtre et unique détenteur de la parole et de l'écriture, se mit à répandre ses anathèmes sur Worpswede. « Seule une chose est sacrée : le travail », a-t-il proclamé, et le dieu correspondant s'appelle Rodin, car il affirme : « Il faut travailler toujours ». Rilke, son prophète, déclare : « Entre l'art et la vie, il faut choisir ». Et encore : « Qui veut une œuvre doit renoncer au bonheur ».

Au début, pourtant, Rilke tenait un tout autre discours. De quand date-t-il ? Un temps de réflexion... Où se trouve le bout du fil dans ces étoffes de couleurs sombres tissées d'expériences et de souvenirs ? Cela remonte à cinq ans, à la fin août 1900. Rilke revenait de Russie et, suivant l'invitation de Vogeler, il débarqua à Worpswede dans son spectaculaire déguisement russe. Ses paroles n'étaient pas encore des anathèmes, mais des incantations envoûtantes et implorantes...

⁂

Dès le premier après-midi, Rilke et Vogeler firent une longue promenade à travers les marais et la lande. Dans le vent vespéral flottait l'été déliquescent, champs colorés brunissants, collines ondoyantes parsemées de bruyère agitée, côtoyant le jaune des chaumes et le rouge des tiges de sarrasin fraîchement moissonné. On aurait dit qu'à chaque instant, des mains invisibles tenaient quelque chose dans l'air argileux, un arbre, une maison, un moulin dont les ailes tournaient avec une extrême lassitude, impatientes de terminer leur journée. Rilke et Vogeler finirent par prendre l'allée scintillante de bouleaux en direction de Westerwede.

La nuit tombait déjà lorsqu'ils arrivèrent devant le pignon d'une maison délabrée au toit de paille. Dans l'embrasure de la porte principale se profila la blancheur étincelante d'une silhouette féminine. Clara Westhoff salua les deux hommes comme si elle les attendait. On reconnaissait à peine son visage dans la pénombre.

Vogeler présenta le nouveau venu. « Monsieur Rilke, en provenance de Berlin, âme sœur et frère en esprit. Mon hôte au Barkenhoff. »

Rilke s'inclina avec maladresse.

Clara demanda aux invités imprévus s'ils ne voulaient pas entrer prendre un verre de jus de pomme fait maison et elle les conduisit sous la treille. Puis elle rentra dans la maison, apporta des verres, une carafe de jus de pomme et alluma une lampe à pétrole qui révéla un spectacle étrange. Clara, grande, osseuse, austère, presque masculine, tendait un verre au poète blotti sur une chaise, les jambes croisées, à l'apparence féminine et fragile malgré sa grosse moustache mélancolique.

Clara avait longtemps séjourné à Paris avec Paula Becker et elles étaient revenues il y avait deux mois à peine en apprenant la mort de la femme d'Otto Modersohn. À Paris, Clara avait fréquenté l'école des beaux-arts, puis l'école de sculpture d'Auguste Rodin.

« — Ah, Rodin », dit Rilke avec enthousiasme, bien qu'il ne le connût pas encore personnellement à l'époque.

Clara sourit. « Oui, Rodin. J'ai beaucoup appris de lui, même si les cours étaient dispensés par ses assistants. Le maître prodiguait ses conseils de temps à autre et il n'intervenait lui-même que très rarement. Il nous a toujours mis en garde contre le naturalisme plat et l'imitation pompeuse de l'Antiquité. Ce qui compte, c'est avant tout la vie intérieure, comment dire, l'expression de la psychologie, en quelque sorte, le sentiment et la passion...

— Pardon de vous interrompre, dit Rilke en l'interrompant d'un ton doux, mais intransigeant, en posant la main sur son avant-bras d'un geste tendre et possessif. Mais je crois que rien ne permet d'appréhender aussi mal une œuvre d'art que les termes abstraits ou critiques. Les choses sont-elles jamais aussi compréhensibles et dicibles qu'on aimerait nous le faire croire ? La plupart des événements restent indicibles, ils se déroulent dans des espaces et des sphères qu'on ne peut décrire avec des mots. Les œuvres d'art sont des êtres mystérieux dont la vie perdure, tandis que la nôtre s'efface telle une étoile dans la lumière du matin. »

Clara le dévisagea, comme hypnotisée, et Vogeler aussi était impressionné : Rilke venait de livrer un premier échantillon de ses incantations. Le silence régna quelques instants. Après quoi Rilke continua sur sa lancée.

« — À Moscou, durant notre voyage en Russie... », il s'arrêta net et se corrigea en supprimant Lou Andreas-Salomé à ses côtés, « durant *mon* voyage en Russie, je veux dire, j'ai visité récemment la galerie Tretiakov. Deux paysans se tenaient devant un grand tableau intitulé *Bêtes en train de paître*. L'un d'eux, mécontent, dit : "Des vaches ! On connaît ! Pas la peine de les peindre. En quoi ça nous concerne ?" L'autre le contredit avec un sourire malicieux : "Elles sont peintes *pour que* tu te sentes concerné. Parce qu'il faut les aimer, tu vois, c'est pour *ça* qu'on les a peintes." Sans doute surpris par sa propre explication, le paysan m'a alors lancé un regard interrogateur. Et moi, ravi, je n'ai pu que balbutier dans un russe médiocre : "Tu l'as dit." Et c'était la vérité. »

Vogeler arbora un sourire amusé. C'est le genre d'échange qu'il aurait pu avoir avec un paysan de Worpswede ou avec Gottlieb, son homme à tout faire. « Ah, c'est mignon, dit-il.

— C'est *profond*, dit Rilke en plongeant plus profondément encore son regard dans celui de Clara. Et *vous*, qu'est-ce que vous en dites ? »

Elle soutint son regard, dodelina de la tête avec un brin de coquetterie, laissant ses boucles se balancer. «Je crains, finit-elle par murmurer, que l'âme russe ne me soit plutôt étrangère. Les sentiments mystiques du caractère slave me déconcertent.»

Lorsque Vogeler repensa par la suite à cette rencontre, il eut l'impression que Clara, sans le deviner, avait décrit avec sa remarque, non pas le type slave, mais le caractère de l'homme qui s'était brusquement retrouvé devant elle, tel un esprit surgi du crépuscule. Huit mois plus tard, ils étaient mariés – même si Rilke allait tomber amoureux de Paula Becker et ne put jamais se séparer entièrement de Lou Andreas-Salomé. Ce *même si* ne cernait sans doute pas la nature de cette relation compliquée – *parce que* aurait peut-être été plus approprié. C'est en tout cas ainsi que Martha Vogeler voyait la chose, Martha et son bon sens...

L'écrivain Carl Hauptmann, invité par Otto Modersohn, était arrivé à Worpswede presque en même temps que Rilke. Vogeler profita de la présence des deux auteurs pour donner au Barkenhoff une de ses soirées très appréciées du dimanche, tout d'abord en petit comité. Rudolf Alexander Schröder était venu, accompagné par une jeune pianiste et le directeur artistique du théâtre de Brême. Modersohn, veuf depuis deux mois, arriva en compagnie de Hauptmann et de deux jeunes femmes: Clara Westhoff était vêtue d'une robe en batiste blanche, sans corset, de style Empire, avec un bustier court souligné par un ruban et de longs plis. Paula Becker portait une robe réformée en lin blanc et un élégant chapeau florentin blanc, posé en biais sur ses cheveux blonds attachés sur la nuque.

« — Clara m'a déjà parlé de vous, dit-elle gaiement lorsque Vogeler lui présenta Rilke. Nous sommes impatients d'entendre vos aventures russes. »

Rilke la regarda, hocha la tête et aurait sans doute entamé d'emblée son récit si Stine, la bonne, n'avait pas servi le punch de Martha à base de reine des bois. On conversait sur la terrasse, tandis que des nuages de pluie s'amoncelaient pour avaler le soleil couchant.

« — Les couleurs sont tellement vivaces ici, même quand la lumière vire au gris, dit Rilke à voix basse aux deux femmes habillées de blanc, comme s'il leur confiait un secret. Rien ne pâlit, rien n'hésite. On dirait que les couleurs haussent le ton, que le rouge des roses est plus intense et que les troncs des bouleaux sont blancs comme jamais. La teinte violette de la lande, là-bas, devient veloutée, regardez, elle étincelle même sous la pluie. »

Clara, suspendue tout sourire aux lèvres de Rilke, cessa de sourire en surprenant le regard de Paula – qui fixait en effet Rilke comme s'il venait de lui faire, à elle seule, une révélation monumentale. Une incantation...

Vogeler invita ses hôtes à se rendre dans la Salle blanche au premier étage : portes et murs blancs ornés de vases peints d'où pendaient des guirlandes de roses, gravures anciennes représentant des scènes galantes dans des jardins, une table d'appoint accueillant verres et bouteilles de vin à discrétion, chaises Empire disposées en demi-cercle autour du piano et fauteuils capitonnés en bois et jonc dessinés par Vogeler. On prit place. La pianiste s'installa au piano, encadrée de Vogeler au violoncelle et de son frère Franz au violon. Philine, sa fiancée, tournait les pages de la partition. Richard Strauss,

Schubert, Chopin. Rilke et Clara échangeaient des regards. Paula, assise entre Modersohn et Hauptmann, regardait exprès ailleurs, comme pour ne pas détruire ce qui venait à peine de commencer. Applaudissements discrets pour la musique.

Martha et Stine apportèrent des canapés. On se servit, loua la cuisine et fit aussi l'éloge du vin. Rudolf Alexander Schröder lut une demi-douzaine de poèmes. L'un d'eux évoquait la nuit.

Salle sombre emplie de sonorités des sphères.
Assourdie par le bruit de sa propre vie,
l'oreille alanguie n'a point saisi
l'hymne de ta lumière.
Salle sombre emplie de sonorités des sphères!

«— Ici, dans la Salle blanche, c'est particulièrement charmant», jugea Philine.

La remarque fut saluée par quelques rires contenus.

Puis on invita Hauptmann à lire, monsieur le *professeur* Hauptmann, comme le souligna Vogeler. Il fit quelques manières, affirma qu'il ne s'était pas préparé mais avait par hasard quelques échantillons, sur quoi il lut des maximes, des adages et des vers. Rien de tout cela n'était poétique, alors que tout, y compris la prose, était censé l'être. C'était théorique, abstrait, farci d'images et de sensations recherchées, mais non vécues. Les deux ou trois premiers vers sonnaient bien, puis les idées, les pensées et l'intellect soi-disant détesté revenaient en force dans un flot de mots. Vogeler se tortillait sans cesse sur sa chaise, essuyait la sueur sur son front. Cela n'en finissait plus, jusqu'au moment où le directeur artistique du théâtre de Brême demanda des explications à propos d'un poème et il s'ensuivit entre lui et Hauptmann une longue discussion académique qui fit sombrer les dernières bribes compréhensibles dans la généralité où elles se dissipèrent irrémédiablement.

On approchait de minuit, les canapés étaient dévorés, le vin presque terminé et les bougies sur le piano avaient fondu. Clara, tête penchée, chercha le regard de Rilke et leva les yeux au plafond lorsqu'elle le trouva. Paula afficha un sourire ironique.

Vogeler finit par interrompre la logorrhée prétentieuse en se levant et en tendant à Rilke un exemplaire de *Pour me fêter*. «Cher Rainer Maria Rilke, dit-il, tel un conférencier, nous sommes tous passés aujourd'hui sous votre maxime au-dessus de l'entrée. Faites-nous à présent, si vous le voulez bien, la joie de nous lire quelque chose.»

Rilke feuilleta d'un air distrait ou absent son propre ouvrage si joliment illustré par Vogeler, le referma d'un coup sec, ferma les yeux et récita par cœur.

Les mots des hommes, comme je les crains.
Ils expriment tout avec une telle précision:
Ceci est un chien, cela une maison,
voici le début et voilà la fin.
Je ne cesse d'alerter et de résister: Restez à distance.
Les choses qui chantent me plaisent.
Vous les touchez: elles se figent et se taisent.
Vous réduisez toutes choses au silence.

Une incantation de plus. L'effet fut retentissant. Personne ne dit rien pendant quelques instants. Puis Hauptmann toussota, s'apprêtant à se lancer dans une de ses digressions à rallonge.

Mais Paula Becker le devança. « C'est beau à en pleurer.

— C'est à s'agenouiller devant », dit Clara.

Rilke avait établi sa réputation.

La soirée fut un vrai succès et Vogeler profita du prochain départ de Hauptmann, qui n'était que de passage à Worpswede, pour relancer une invitation au Barkenhoff une semaine plus tard. C'était un de ces soirs de septembre tièdes et sans vent où l'été ne parvient plus à cacher sa fatigue. Les cimes des bouleaux s'éclaircissaient déjà, leurs feuilles tombaient en cascade silencieuse. Le feuillage des chênes rougissait délicatement sous le pâle baiser de l'été indien et les ombres s'allongeaient.

Rudolf Alexander Schröder et la pianiste de Brême ne pouvaient pas venir, mais on attendait Milly Becker, la sœur de Paula qui faisait du piano et s'était formée au chant, Agnes Wulff, une amie de Martha, Fritz Mackensen avec sa dernière élève en date, et le directeur artistique qui comptait venir en compagnie d'un acteur. Clara et Paula, arrivées tôt, prirent place sur la terrasse à gauche et à droite de Rilke, visiblement à la grande joie du poète. Franz, le frère de Vogeler, était en train d'accorder son violon et il laissa Martin, frère de Martha et joueur médiocre de flûte traversière, lui donner le ton. Tandis que Martha, debout sur l'escalier du perron en robe verte à fleurs et à col en dentelle blanc, disposait des pots d'hortensias, Vogeler flânait dans le jardin en attendant le reste des invités. Lorsqu'il entendit le violon et la flûte qu'on accordait, il se retourna vers la terrasse. Martha se tenait devant le portail entre les urnes Empire et Karla, le cadeau de Noël de Heymel, était allongée sur une marche à ses pieds, chienne et maîtresse lançant un regard interrogateur à Vogeler.

C'est à ce moment qu'il vit pour la première fois le tableau, du moins la possibilité ou une vision de ce tableau qui allait l'occuper encore plus de quatre ans. Avant de s'asseoir à côté de Franz pour accorder son violoncelle, il dessina au crayon un croquis rapide dans son carnet qu'il avait toujours à portée de main.

Tous les invités étant arrivés, le trio joua quelques morceaux. Vogeler remarqua que certains visages se détendaient durant l'écoute. Les traits austères et un rien masculins de Clara étaient moins crispés – mais peut-être était-ce dû non pas à la musique, mais à la proximité de Rilke, assis épaule contre épaule à côté d'elle ? Une fois le soleil couché, des bancs de brume s'élevèrent des buissons et pelouses du jardin et une lune basse et presque pleine se leva.

Le groupe rentra dans la Salle blanche où les bougies étaient déjà allumées. Un des acteurs brêmois récita des extraits du *Songe d'une nuit d'été* de Shakespeare, Milly Becker s'installa au piano, chanta du Haendel et des chants folkloriques italiens, Vogeler entonna, tout en s'accompagnant à la guitare, deux ou trois lieder de Walther von der Vogelweide qu'il avait adaptés en chanson populaire.

Puis ce fut au tour de Rilke. Il avait choisi *La Princesse blanche*, une pièce lyrique courte qui parut néanmoins longue à certains messieurs présents. Or Rilke, qui se grisait de son œuvre en s'accordant de plus en plus de temps, ne perçut pas les bâillements réprimés et les regards las par la fenêtre, mais il nota parfaitement l'attention langoureuse de ces dames.

Je m'étirai et le mouvement de mon corps
fit naître une senteur qui se répandit au dehors.
Et telles les fleurs se donnant à l'espace,
chaque souffle d'air émanant d'elles
chargé d'odeurs – j'accordai mes faveurs
à mon amant dans le rêve.
Je l'ai tenu grâce à ces heures.

Ce genre de passage faisait rougir Paula et pâlir Clara, ou inversement.

Après quoi le prof. Hauptmann, qui se racla la gorge et toussota, se mit à théoriser pour «apporter un éclairage critique sur les extraits entendus», selon ses termes, ce qui n'aboutit à rien, puisque même le directeur artistique n'était pas d'humeur à s'engager dans un débat. En outre, grâce à l'excellent cellier de Vogeler, l'atmosphère avait délaissé le champ de l'émotion empreinte de solennité pour s'élever vers une forme de gaieté alcoolisée qui se dérobait à tout éclairage critique. Hauptmann voulut savoir si Rilke avait également rédigé une chanson à boire et il affirma à plusieurs reprises et en bégayant que, si ce n'était pas le cas, le jeune poète se rendrait compte un jour de cette lacune béante dans son œuvre et le regretterait amèrement.

Puis on dansa. Tel un satyre, Hauptmann dansa avec toutes les dames à tour de rôle, jusqu'au moment où il s'adossa au mur, chancelant et livide, et réclama l'attention en levant l'index. « À présent, j'ai le vertige », annonça-t-il comme s'il s'agissait d'une révélation. Mais, après un autre verre de vin rouge, il fut suffisamment rétabli pour danser avec Stine.

Pendant ce temps, le directeur artistique, lui aussi dramatiquement éméché, brandit hors de sa poche une partition qu'il mit sous le nez de Milly Becker. « Si vous voulez bien m'accompagner, très chère, je vais chanter quelque chose. »

Milly jeta un œil averti sur la partition, s'assit au piano et se lança. Le directeur artistique sombra dans un récitatif saccadé et galopant.

Les compliments, y'en a que pour elle, la femme.
Elle a droit aux chansons – et nous aux blâmes.
C'est une erreur d'être trop galants –
arrogantes que ça les rend –
elles nous r'gardent de haut et se croient
plus fortes et plus belles avec ça.
Mais l'homme – mais l'homme – bah !
C'est lui le premier, mais il n'y pense pas.
Le maître, le roi, le héros, c'est qui ?
Il était l'premier sur terre, alors c'est lui.
C'est d'une de ses côtes qu'Ève est sortie,
c'est qu'une annexe de l'homme, j'vous l'dis.

Cette chanson satirique d'Otto Reuter s'étalait encore sur cinq longs couplets. Certains la trouvèrent drôle. Mackensen et Hauptmann, enthousiasmés, la reprirent en chœur.

À la deuxième strophe, Rilke souffla quelque chose à l'oreille de Clara et quitta la Salle blanche. Clara attendit le temps d'une strophe pour s'éclipser, ce qui n'échappa pas à Paula qui la suivit une demi-strophe plus tard.

Vogeler, qui commençait à trouver l'ambiance trop agitée, trop bruyante et trop échauffée, décida de faire quelques pas dans le jardin. Il passa devant la porte ouverte de la chambre de Rilke, dans laquelle régnait une pénombre bleue et fraîche digne d'une grotte. Les battants de la fenêtre étaient également ouverts. Serrés les uns contre les autres, Rilke et les deux femmes étaient penchés dans la nuit – un tableau devenu vivant. Vogeler, déconcerté, s'arrêta un instant. Ce spectacle lui donna un sentiment de déjà-vu. Rilke encadré, pour ne pas dire enlacé par deux femmes ? Vogeler n'avait-il pas déjà assisté à la scène ? Où ? Quand ?

La lune presque pleine s'élevait au-dessus des bouleaux et des peupliers, générant un flot de lumière mate argentée. Le parvis avec les urnes jetait une lueur blanche, comme parsemé de fleurs de pommier. Juste derrière, les nappes de brume formaient des voiles épais et, sur le devant, les arbres ressemblaient à des portes ouvrant sur un autre monde. Rires, bruits et chants se firent plus discrets dans la maison. Intact, cet univers argenté et étranger, peuplé de créatures fabuleuses, attendait sous l'obscurité du ciel et, tant que durait ce conte lunaire avec ses étoiles et ses personnages flottants, tout cela restait de l'art et du rêve, et rien ni personne n'était réel.

⁂

C'est la même lune à la fenêtre, mais ce n'est pas la même lumière qui, refroidie, comme gelée, fait briller le parquet. Dans le clair de lune qui s'était répandu à flots sur le jardin et le Barkenhoff cette nuit-là, les contes et les vœux étaient encore florissants, les incantations agissaient tels des philtres d'amour administrés en secret. Cette nuit, en revanche, la lumière est impartiale et dure. Elle montre les choses telles qu'elles sont – nettes, sans ornement ni aura. Sont-elles vraiment ainsi ? La question taraude Vogeler, pourtant la lueur froide fait clairement du bien à ses yeux fatigués. La pendule sonne et emporte les heures avec indolence.

⁂

Lorsque Vogeler travaillait, il était heureux ; il s'épanouissait dans son travail, était épris de réussite, mais il ne s'intéressait quasiment plus à l'œuvre achevée. De même, il avait le génie de l'accueil, c'était un maître dans l'organisation de soirées, mais il était incapable de faire la fête et d'en profiter lui-même. Timide et inhibé de nature, il avait du mal à se laisser aller et à franchir les limites. Et il ne supportait l'alcool qu'à faible dose. Aussi était-il très embarrassé par la tournure qu'avait prise la fin de soirée et peut-être craignait-il aussi que ces débordements décomplexés n'eussent repoussé Rilke, son âme sœur. Toujours est-il que, le lendemain matin, il s'enquit dans le détail de l'état de son hôte, avec l'idée de présenter ses excuses. Rilke avait-il bien dormi ?

« — Ah, mon cher Vogeler, dit Rilke avec un sourire rêveur en sirotant l'infusion de tilleul que la gouvernante préparait spécialement pour lui, tout ici est digne d'un conte de fées. Je me trouve dans une maison blanche, comme oubliée dans un vaste jardin, sous de beaux et nobles objets, dans des pièces emplies de l'œuvre d'un créateur, de sa position et de sa disposition, de ses visions. Je m'assois sur des chaises créées par lui, je me réjouis à la vue des fleurs apportées du jardin par sa fiancée et, quand je me regarde dans le miroir, c'est dans ses miroirs que je me vois. »

Le créateur, songea Vogeler, j'imagine que c'est moi. Pourquoi Rilke parlait-il de lui comme d'un étranger? On aurait dit que l'invité prenait durablement possession de ce que l'hospitalité mettait provisoirement à sa disposition. À moins que Vogeler ait mal compris?

«— En outre, poursuivit Rilke, cela fait à peine quelques jours que j'habite ici et c'est déjà la deuxième fois que des gens charmants se réunissent dans la Salle blanche enchantée pour faire de la musique sous des tableaux exquis et célébrer ma poésie. Et au cœur de cette surabondance de beauté s'élèvent les voix les plus douces. Ce sont celles des deux jeunes filles en blanc, assises à la lueur des bougies et dans l'ombre de mes paroles, et qui me paraissent..., m'apparaissent...»

Rilke hésita, s'arrêta au beau milieu de sa phrase, ce qui était rare – il n'était jamais à court de mots; il parvenait même à invoquer le silence avec éloquence et à rendre le mutisme parlant.

Il est amoureux, se dit Vogeler. Il est fou amoureux. Et des deux femmes à la fois. Cette façon dont ils se tenaient à la fenêtre hier soir, tous les trois blottis les uns contre les autres... Qu'est-ce que cela lui rappelait? Un tableau?

«— Vous me demandez si aimablement, poursuivit Rilke, si j'ai bien dormi. Très bien, même, bien que pas assez. Car la nuit m'a fait un cadeau. Rilke saisit son carnet et l'ouvrit. Vous voulez l'entendre?»

Vogeler s'étonna. La source ne se tarissait donc jamais? Même pas au petit-déjeuner? Il avala une bouchée d'œufs brouillés, hocha la tête, but une gorgée de café. «Certainement.»

Jeunes filles, de vous les poètes apprennent
à dire l'étendue de votre docilité.
Ils apprennent à vivre près de vous, lointaines,
comme auprès des grands astres les soirées
prennent l'habitude de l'éternité.

Nulle ne doit se donner au poète, jamais,
même si son regard désire la femme parfois ;
car c'est en jeunes filles qu'il vous voit,
et la sensation dans vos poignets
sous son brocart se briserait.

C'est solitaire en son jardin qu'il faut le laisser,
là où, telles des éternelles, il vous reçut,
sur les chemins jour après jour arpentés,
sur les bancs qui attendent, ombragés,
et dans sa chambre, où le luth est suspendu...

Cela se poursuivait sur deux ou trois strophes, mais Vogeler n'arrivait plus vraiment à suivre. Que voulait dire Rilke ? Il parlait de jeunes filles censées donner la réplique au poète sans souffler mot, de simples muses. Vogeler le comprenait, Martha étant une muse, elle aussi, mais Rilke s'adressait ici clairement à Clara Westhoff et Paula Becker. Or elles n'étaient pas des muses, mais des artistes, des sculptrices, des peintres, des « peintresses », comme disaient certains avec mépris, certes encore peu connues, mais pas pour autant de jolis modèles acceptant avec « docilité » d'être ce que disaient les poètes ou peignaient les peintres. La mélodie des mots cherchait à redevenir incantation mais, cette fois, cela ne fonctionnait pas. Vogeler était déconcerté.

Dans son atelier, il examina le croquis rapide qu'il avait dessiné la veille, fronça les sourcils, se gratta l'arrière de la tête. Peut-être pouvait-on en faire autre chose ? Une de ces soirées d'été au Barkenhoff, un petit concert champêtre...

Il donna à l'esquisse un format plus grand, approfondit quelques détails. Il y avait trois groupes. D'une part Rilke, encadré par Clara et Paula, menant une sorte de conversation tacite, formant à la fois un groupe et trois individualités distinctes, disparates, réunies par les sonorités provenant du deuxième groupe, les musiciens. En quelques coups de pinceau, Vogeler s'infiltra en joueur de violoncelle, à moitié caché par le violoniste, à peine reconnaissable : l'hôte discret à l'arrière-plan, qui fait de la musique, mais n'en profite pas car le bonheur de ses invités passe avant le sien. Le couple au centre, Martha et la chienne allongée à ses pieds, formait le troisième groupe. Et les deux urnes Empire sur les piliers de la balustrade, de part et d'autre de Martha ? Pourrait-on les métamorphoser en sculptures, esprits des arbres, nymphes ou naïades puisant ou versant de l'eau ? Il esquissa une beauté en partie dénudée qui, une carafe à la main...

Et voilà que cet instant, qu'il avait déjà vu quelque part, resurgit brusquement. Il semblait s'être insinué dans l'esquisse tel un lointain miroir. Florence. Le salon de la signora Aretino. Rilke est assis sur le canapé à côté du compositeur et ils sont encadrés par deux dames douteuses qui auraient pu être des comtesses ou des naïades, et l'une d'elles verse du vin dans un verre. Le lointain miroir aux propriétés magiques avait métamorphosé Martha en joueur de luth, Rilke en lévrier russe et les dames de service en urnes, le même enchantement enveloppant Rilke avec Paula et Clara. Mais à Florence, à l'époque, Vogeler avait déjà eu l'impression que le groupe du canapé provenait d'un tableau. Peut-être existait-il une strate encore plus profonde, enfouie, oubliée, d'où sortait ce *Concert* – ou quel que soit son futur titre – pour accéder à la lumière.

Vogeler n'était pas le seul à avoir noté que Paula et Clara avaient suivi Rilke dans sa chambre cette nuit-là. Et on avait beau avoir également noté que la porte était restée ouverte et que rien ne s'était passé entre les trois qui eût pu entraîner des messes basses, le bouche à oreille de Worpswede se mit rapidement et inexorablement en branle. On pouvait rajouter un doigt à la tournure « comme les deux doigts de la main », murmurait-on du côté de Mackensen. Stine souffla à la vieille Lina que sa meilleure amie avait aperçu monsieur Rilke près de la briqueterie, où il était couché dans l'herbe avec mademoiselle Westhoff et, la vieille Lena étant dure d'oreille, Stine dut chuchoter si fort que Gottlieb l'entendit. Ce dernier le rapporta à son amie Maike qui, à son tour, entendit la femme du boulanger raconter que ce Rilke devait être un sacré bourreau des cœurs, parce qu'il avait été vu tout récemment sur le sentier de la lande avec mademoiselle Becker, et pas juste comme ça, mais main dans la main. De ce côté-ci, on croyait savoir quand Rilke avait rendu visite à Paula dans son atelier et quand il en était reparti ; de ce côté-là, on entendait dire sous le sceau du secret que le poète allait et venait dans l'atelier de Clara comme s'il était chez lui. Dörte Fietjen, la fille de l'exploitant agricole Fietjen, prétendait même avoir vu Rilke flâner bras dessus bras dessous avec les deux femmes peintres jusqu'au lieu de baignade de l'Hamme, un de ces endroits moralement répréhensibles où le peuple des artistes quittait ses vêtements pour s'ébattre en costume d'Adam et d'Ève. Et celui qui s'indignait s'entendait répondre que c'était de l'art, de la peinture de nus et autres trucs du même genre. Depuis sa cachette dans les roseaux, Dörte n'avait certes vu personne, pas d'être humain en tout cas, mais quelque chose de rouge gisait dans l'herbe et c'était à coup sûr la chemise russe de Rilke.

Au début, Vogeler avait lui aussi l'impression que Rilke était amoureux des deux femmes peintres au même degré et recevait des deux un accueil favorable. Comme ces jeunes femmes, que Rilke nommait toujours les jeunes *filles*, étaient anticonformistes, partagées entre la retenue et une liberté des mœurs inspirée de la bohème, et liées en outre par une solide amitié, il n'y avait pas de jalousie dans ce ménage à trois – du moment qu'on s'en tenait au jeu amoureux, aux escarmouches et aux allusions galantes, et que Rilke parvenait à équilibrer les plateaux de la balance.

Par une claire matinée, avec des nuages ronds encadrant un bleu insondable et un mouvement bruissant dans de hauts arbres dont les pommes rouges et jaunes tombaient doucement dans l'herbe, Vogeler et Rilke partirent en promenade. Ils n'échangèrent que quelques mots, le paysage leur parlait et leur faisait signe de partout.

Mais lorsqu'ils revinrent au Barkenhoff, Rilke lui posa soudain une question en apercevant la maison: «Vous et votre jeune fiancée, vous semblez si intimement liés. Y aurait-il quelque chose en vue?»

Vogeler acquiesça en souriant. «Nous allons enfin nous marier en mars prochain. Nous aurions souhaité le faire avant, mais ce n'était pas possible. Martha est une jeune fille simple et solide qui a grandi ici. Il a d'abord fallu que je la libère de ce village avant qu'elle puisse affronter tout cela. Il fallait qu'elle voie d'autres horizons, qu'elle mûrisse et grandisse. Elle était à Dresde où elle a fréquenté de bonnes écoles, j'étais à Munich et ailleurs, si bien que nous étions souvent séparés. Ce fut une période dangereuse pour notre amour. Mais maintenant tout va bien. Nous avons déjà tout fait et vécu ensemble, si vous voyez ce que je veux dire. Évidemment, elle n'est pas que dans mon cœur, elle est aussi sur toutes les études et les esquisses. J'ai commencé il y a quelques jours un nouveau tableau et elle sera au centre. Même quand elle n'apparaît pas sur une toile, son âme est présente. Quand je peins encore et encore ma maison, c'est toujours un portrait d'elle, sans qui ma maison serait incomplète. »

Ils traversèrent le jardin et s'arrêtèrent au pied du perron.

« — Votre maison, dit Rilke, est un désir réalisé dans lequel je suis un hôte de passage.

— Mais qu'en est-il de vous sur ces... disons, ces sujets ? N'êtes-vous donc plus engagé envers cette personne, madame von Salomé ? Vous venez à peine de rentrer de votre deuxième voyage ensemble en Russie. »

Rilke soupira. « Avec Lou, dit-il d'un ton las, c'est difficile », comme si cela résumait sa liaison – connue pour être compliquée et scandaleuse – avec Lou Andreas-Salomé. Il évita le regard inquisiteur de Vogeler et posa un regard insistant sur la fenêtre de pignon d'où il s'était penché dans le clair de lune avec Clara et Paula, comme si une image de cette nuit s'était posée sur les vitres étincelant dans la lumière matinale. « Mais les deux jeunes filles, dit-il ensuite, me facilitent la vie. Quand je leur rends visite dans leurs ateliers, je me sens très proche du merveilleux. Je pèse un mot après l'autre sur la délicate balance de leur âme et elles sentent qu'ainsi, je les pare, je leur fais un cadeau. Les mots prennent tout leur sens une fois que la femme peintre les a entendus. Vient alors ce grand silence éloquent que je partage avec elle lorsque la pendule de l'atelier au lys sonne les heures bien trop vastes. »

Tout en se berçant, comme souvent, dans une ivresse lexicale qui le rendait euphorique et occultait les choses plus qu'elle ne les révélait, il ne parlait plus des *deux* jeunes filles, mais d'*une seule*, de la *femme peintre*. À laquelle songeait-il ? Était-ce intentionnel ? Un indice pour savoir vers qui penchait la balance ? Ou n'en avait-il pas conscience ?

Vogeler s'adressa à Martha qui connaissait parfaitement la texture du bouche à oreille, prenait elle-même plaisir à filer, faire des nœuds et transmettre l'ensemble. Alors à qui pensait Rilke ? Et l'atelier au lys, c'était quoi ?

Penchée sur son ouvrage, Martha sourit d'un air entendu. « Paula, dit-elle, a ramené en souvenir de Paris un morceau de tissu sur lequel est brodé l'emblème de la fleur de lys. Et Paula l'a accroché dans son atelier comme tapisserie.

— Paula, donc, dit Vogeler.

— Oui, Paula. Mais à vrai dire, on était déjà au courant.

— On ? C'est qui, on ?

— Ah, Heinrich. Martha sourit. Il suffit d'être attentif pour le voir.

— Aha...

— Eh oui. Martha chuchotait à présent. Cette tapisserie n'est pas accrochée n'importe où. Elle est située derrière son lit et on ne la remarque que quand on est assis sur le lit.

— Ou allongé dedans ? »

Martha leva les yeux, rougit, hocha la tête. Et resta silencieuse. Comment Rilke l'avait-il formulé ? Un grand silence éloquent...

Une fois dans son atelier, Vogeler feuilleta son carnet de croquis, rapprocha Rilke de Paula et effaça le sourire sur le visage de Clara.

Mais il apparut bientôt que les choses n'étaient pas aussi claires. On jouait une pièce de Carl Hauptmann au Schauspielhaus de Hambourg. Il invita ses amis de Worpswede à la première et Rilke, Clara Westhoff, Paula et Milly Becker, Heinrich et Franz Vogeler, Mackensen et Modersohn s'y rendirent ensemble – une colonie d'artistes en excursion. La pièce ne fit pas grande impression, on feignit l'émotion. Lors de la fête qui suivit, Rilke improvisa une allocution qui tournait habilement autour du pot fêlé.

Le lendemain, on prit un autocar attelé de quatre chevaux pour faire un tour de ville, suivi par une promenade en bateau sur le port. On fit moult farces et plaisanteries, et même Rilke se laissa aller. Vogeler trouva cela remarquable parce que Rilke ne riait pour ainsi dire jamais, il était souvent hermétique à l'humour et se retranchait généralement dans une gravité de plomb. Si l'on se retrouvait dans l'aura de ce sacro-saint sérieux, on avait le sentiment d'entrer dans une église plongée dans la pénombre et l'encens, où Rilke officiait en tant que prêtre et Grand Inquisiteur. « Rainer la Reine, l'immaculé concepteur », comme l'avait surnommé Mackensen en cachette. Il était donc frappant que des blagues plus ou moins plates le fassent rire lors de l'excursion hambourgeoise et, à y regarder de plus près, on s'apercevait qu'il bavardait, souriait et riait d'un air détendu lorsque Paula, connue pour sa bonne humeur, était à côté de lui. Or il apparut bientôt qu'Otto Modersohn était lui aussi un fin observateur.

Le jour suivant, on visita la galerie privée d'un banquier et on assista le soir à une représentation de la *Flûte enchantée* qui fit oublier la lourdeur de Hauptmann. Le chemin qui conduisait à l'hôtel longeait l'Alster. C'était étrange d'émerger des océans de lumières de l'opéra et de la ville pour se retrouver devant cette eau noire et silencieuse dans laquelle quelques réverbères plongeaient leur halo, telles des échelles dorées. Un petit bateau à vapeur tanguait sur la surface sombre et un cygne glissa soudain vers la rive, presque immobile et silencieux, puis il leva la tête, comme en quête.

« On dirait qu'il veut dire quelque chose... », dit Clara Westhoff à Rilke, comme l'entendit Vogeler.

Arriva alors un deuxième cygne qui, le cou recourbé et les ailes déployées, se renversa en arrière, presque jusqu'au dos, puis détourna le regard de la rive et se tourna vers son compagnon ou sa compagne. Dans la pénombre, il semblait bien que Clara avait pris la main de Rilke. Vogeler eut le même sentiment que dans les contes, quand arrive un événement important et qu'on se dit : « Il ne faut pas oublier ce passage, cela aura des conséquences ». Et il y en eut en effet...

Le lendemain matin, on fit encore un tour à la Kunsthalle. Et là, le tableau de Böcklin, représentant le faune allongé dans l'herbe avec sa flûte, donna lieu à ce petit dialogue entre Rilke et Vogeler auquel il repensa des années plus tard, lorsqu'ils se rencontrèrent par hasard dans les roseaux de l'Hamme par une radieuse matinée de juin.

De Hambourg, on reprit le train jusqu'à Brême, puis la malle-poste jusqu'à Worpswede. C'était une nuit étoilée dégagée dans laquelle on sentait déjà les premières morsures de l'automne.

«— Une telle nuit est propice au retour», dit Rilke à Vogeler au moment où ils quittaient le relais pour rentrer au Barkenhoff. Sur quoi Rilke s'arrêta net, comme s'il venait de se souvenir de quelque chose. «J'ai pris la décision de rester à Worpswede, dit-il d'un ton solennel.

— J'en suis heureux», dit Vogeler d'une voix guindée, alors qu'il était réellement heureux et qu'il l'avait espéré en secret. Rilke était certes bizarre et entêté, mais ils l'étaient tous ici, faute de quoi ce ne seraient pas des artistes. Rilke, avec sa connaissance de l'art, son intuition étonnante et sa maîtrise débordante du langage, serait utile à Worpswede. Et comme Paula allait être contente ! Ou plutôt Clara ?

«— Je veux l'automne. Je veux me couvrir de l'hiver pour que ce qui germe en moi ne sorte pas trop tôt des sillons. Demain, je vais me mettre en quête d'une maison.

— Voilà qui nous fera plaisir à tous. Nous avons l'impression d'être au complet grâce à vous, de former une famille, comme aime le dire Paula.»

La rencontre dominicale de cette famille élective était devenue une institution, avec une quantité variable d'invités extérieurs. Le dernier jour de septembre, tandis que le feuillage des bouleaux se détachait dans un léger bruissement et que les roses ultimes se penchaient dans la lumière, on était presque entre soi au Barkenhoff. Milly eut beau entonner l'aria triste à pleurer de Beethoven *In questa tomba oscura lasciami riposar*, l'atmosphère avait rarement été aussi gaie.

Quand Rilke annonça sa décision de se chercher une maison à Worpswede, Paula et Clara battirent des mains en même temps. Cela faisait maintenant cinq semaines qu'il logeait au Barkenhoff et il remercia Vogeler et Martha pour leur généreuse hospitalité en récitant des poèmes inspirés par les œuvres de Vogeler, dont faisaient partie la maison et le jardin telle une œuvre d'art mature et vivante. Rilke rédigea en outre une *dédicace* pour une toile de printemps qui représente Martha entre des bouleaux en fleurs.

Jeune fille blond pâle vêtue de vert,
du sens de la vie entends la rengaine :
par nature, le souverain est solitaire,
et l'amoureuse : souveraine.

Martha, embarrassée, se leva en rougissant et déposa un baiser timide sur la joue de Rilke. Tous applaudirent, ce qui ne fit qu'accroître la gêne de Martha.

Mais Rilke ne serait pas Rilke s'il n'avait pas parlé de lui ce soir-là. Il conclut son intervention par ces mots :

Je suis un tableau.
Ne me demandez pas de parler.
Je suis un tableau et aucun geste
ne m'est aisé.
Mon existence est le silence de la forme.
Je suis le début et la fin du geste.

Je suis si vieux
que je ne vieillis plus.
La nuit, des gens se tiennent parfois près de moi
et lèvent leur bougeoir devant mon visage.
Et ne voient qu'une chose : ce n'est pas moi...

Le poème continuait, mais Vogeler n'écoutait plus. Qu'est-ce que cela voulait dire ? Qui parlait ici ? Quelqu'un qui se transforme en tableau ? Quelqu'un qui force un tableau muet à parler ? Et puis cette phrase : *Ce n'est pas moi*. Elle résonna encore longtemps aux oreilles de Vogeler, aussi énigmatique qu'un départ sans au revoir.

C'en fut un. Cinq jours plus tard, Vogeler partit aux aurores avec Gottlieb pour labourer un terrain de la lande qu'il venait d'acheter. Ils rentrèrent au Barkenhoff dans le crépuscule lesté de brume, de froid et d'humidité. Stine avait fait du feu dans la cheminée et leur servit à dîner.

« — Y'a une let' pour vous, là, dit-elle en désignant le manteau de cheminée sur lequel se trouvait une enveloppe, ça vient de m'sieur Rilke.

— Ah bon ? Vogeler prit l'enveloppe. Où donc est monsieur Rilke ?

— Pa'ti qu'il est, avec la malle-poste.

— Parti ? Mais où ? »

Stine haussa les épaules. « Sais pas, moi. »

Vogeler décacheta l'enveloppe en toute hâte.

Worpswede, le 5 octobre 1900

Mon cher Heinrich Vogeler !

Lorsque vous tiendrez cette lettre entre vos mains, je serai déjà dans le train. Mon départ peut vous sembler précipité, mais des circonstances imprévues, qui ne peuvent être détaillées ici, me contraignent à rentrer à Berlin. Il est possible que je retourne prochainement en Russie, qui est devenue pour moi ce que vos paysages sont pour vous : pays natal et firmament. Et même si je ressentais une sorte d'écho de la Russie à Worpswede, j'y étais par trop éloigné des gens et des moyens que nécessitent mes travaux. Je n'ai pas le droit de négliger totalement mes études, que je poursuis en parallèle de mon œuvre véritable, dans la mesure où ma poésie a besoin de s'ancrer dans la vie. Je vous remercie encore, vous et votre chère fiancée, pour votre accueil durant ces riches journées et semaines, et je termine ici pour aujourd'hui,

votre très dévoué

Rainer Maria Rilke

Vogeler secoua la tête, incrédule. Cette lettre était un leurre, tenant davantage du mot d'excuse hésitant que de l'explication honnête pour son départ précipité. Lou Andreas-Salomé y était peut-être pour quelque chose car, lorsque Rilke évoquait la Russie, les bateliers de la Volga et leurs chants mélancoliques, les moines répandant l'encens, les humbles moujiks aux petits chevaux à poils longs et leurs isbas douillettes, d'où résonnaient les sonorités de la balalaïka à travers des forêts de bouleaux raidis par le gel, Lou était toujours de la partie, même s'il ne mentionnait pas son nom. Quand Rilke écrivait, donc, qu'il repartirait bientôt en Russie, cela pouvait tout aussi bien signifier que sa liaison refroidie avec cette femme fatale était à nouveau brûlante d'actualité. Peut-être qu'Andreas le cocu allait enfin divorcer ? Quant à son idée de reprendre ses études, elle était complètement absurde. Vogeler ne connaissait personne qui fût aussi peu fait pour la réflexion et une carrière universitaires que ce poète imbu de lui-même qui avait horreur de l'abstraction et des théories. Comment expliquer alors ce brusque départ sans mot d'adieu ?

Martha connaissait la réponse. Elle provenait certes du bouche à oreille, mais elle était plausible : Paula Becker s'était fiancée trois semaines plus tôt avec Otto Modersohn et ce, en toute discrétion afin d'éviter qu'on crie au scandale car la femme de Modersohn n'était pas morte depuis trois mois ; mais pas assez discrètement pour empêcher les ragots de circuler. Quelqu'un avait dû en parler à Rilke qui, amèrement déçu, avait battu en retraite chez Lou à Berlin parce que, comme tout le monde le savait, il était amoureux de Paula. Et, comme tout le monde le savait, il était aussi amoureux de Clara, mais sans doute davantage de Paula puisqu'il lui avait récemment offert son manuscrit. Paula avait dû le faire savoir à Clara, si bien qu'on était en droit de supposer que Clara, à son tour, et dans le but d'évincer Paula en tant que rivale, avait raconté discrètement à Rilke que Paula était fiancée à Otto. D'un autre côté, Clara, devenue ainsi la rapporteuse jalouse, se serait montrée à Rilke sous un jour défavorable. Mais peut-être n'était-ce pas aussi compliqué. Peut-être que Paula avait elle-même parlé de ses fiançailles à Rilke pour mettre un terme à sa cour de plus en plus pressante. Mais la question se posait alors de savoir pourquoi Paula s'était mise à jouer avec le feu. S'était-elle rendu compte, au contact de Rilke, qu'Otto, veuf et de dix ans son aîné, était certes un type gentil, sincère et même adorable, doublé d'un bon peintre, mais en aucun cas l'homme de ses rêves ? Avait-elle cédé à sa demande sur un coup de tête ou, plus louche encore, pour profiter de son expérience artistique ou, plus louche encore, par pure pitié ? Tout cela était possible, mais une autre variante était encore plus plausible : les roucoulements du trio de pigeons Paula-Rilke-Clara n'avaient évidemment pas échappé à Otto – d'un côté, il voyait la chose avec l'acuité de son propre regard, par exemple durant le séjour à Hambourg, mais d'un autre côté, lui qui détestait les intrigues, les ragots et les potins, il était devenu le destinataire involontaire du bouche à oreille, qui lui rapportait que Rilke avait encore fait une allée et venue dans l'atelier au lys de sa fiancée. Et, un beau jour, ce fut, comme on dit, la goutte d'eau qui fit déborder le vase, si bien que le fiancé convoqua Rilke chez lui et fit acte d'autorité, chose qu'il aurait dû faire depuis longtemps. Voilà comment les choses avaient pu, non, avaient dû se passer ! Eske de Vries, la fille du maréchal-ferrant qui faisait le ménage chez Modersohn, avait en effet tout entendu à travers la fine cloison qui séparait la maison de l'atelier. Et même si elle n'avait pas *tout* entendu dans les moindres détails, c'était quand même assez clair pour qu'elle puisse raconter à son amie Fiken Lüders que le 4 octobre, l'après-midi précédant sa fuite, donc, Rilke s'était rendu dans l'atelier de Modersohn et que ça avait « drôlement bardé », ce dont on n'aurait jamais cru capable cette bonne pâte de Modersohn. Et lorsque Fiken Lüders livra la commande d'oies gavées au Barkenhoff quelques jours plus tard, elle balança « c'te scandale » tout chaud sur la table de cuisine de Stine qui le rapporta aussitôt, enrichi de toutes sortes de suppositions, à Martha Vogeler. Oui, voilà sûrement comment les choses avaient dû se passer...

De retour dans son atelier, Vogeler feuilleta les esquisses et les croquis, rapprocha Rilke de Clara et laissa Otto Modersohn jeter un regard interrogateur à l'arrière-plan, se demandant s'il y avait de la place pour lui entre Paula et Rilke.

III

Oldenbourg

9 juin 1905

Quand les étoiles ont pâli, que les oiseaux du jardin de Francksen ont fait entendre leur lamento et qu'un coq matinal s'est mis à chanter, Vogeler a quand même fini par trouver le sommeil, d'où l'arrachent à présent des coups sourds de marteau. Il ouvre les yeux et les referme aussitôt devant la lumière crue et dure du matin. Les coups de marteau ne sont qu'un tapotement discret à la porte. Le domestique lui fait savoir que le petit-déjeuner est servi dans le jardin d'hiver.

«— J'espère que vous vous sentez reposé.» Francksen lui fait un signe de tête lorsqu'il s'assoit à table.

«— *Moin, moin*, Vogeler, dit gaiement Roselius entre deux bouchées. Une grande journée pour vous aujourd'hui. Commencez par vous caler l'estomac. Je vous recommande l'omelette.»

Nerveux et en manque de sommeil, Vogeler se contente d'une tranche de pain avec de la confiture d'orange, boit du thé.

Il a du mal à faire comme s'il attendait avec impatience l'inauguration de l'exposition et la cérémonie en son honneur.

« — Vous voulez vraiment repartir dès demain matin ? » s'enquiert Francksen.

Vogeler acquiesce. « J'ai des choses à faire. Pour la *Güldenkammer*, il faut encore...

— Un sacré truc, Theo, l'interrompt Roselius, comme s'il s'agissait de *sa* pièce, ça va être grandiose.

— Si vous pouviez encore rester, dit Francksen, je vous inviterais volontiers dans ma loge au théâtre grand-ducal. On y joue demain soir *La Cloche engloutie*. Étant donné que vous avez magnifiquement illustré cet ouvrage, vous serez peut-être curieux de voir ce que notre théâtre en a fait. »

Voilà huit ans que Vogeler a illustré la pièce de Hauptmann. Créatures fabuleuses et personnages de contes errent dans de vastes forêts romantiques et s'expriment bizarrement en vers. Cela avait enchanté Vogeler à l'époque, mais sa nature vue à travers un rideau en velours, sa poésie plus artificielle qu'artistique et sa mystique embrouillée lui sont devenues étrangères, aussi englouties que la cloche.

« — Dieu merci, Hauptmann a repris ses esprits, dit Roselius. Il n'écrit plus d'incitation à la révolte comme ces scandaleux brigands, euh, *Tisserands*. Ce genre de propagande n'a d'ailleurs pas sa place sur une scène allemande. Mais sa cloche est censée être très jolie. Édifiante, romantique et cætera.

— Connaissez-vous Hauptmann personnellement, au fait ? » demande Francksen.

Vogeler hausse les épaules. « C'est beaucoup dire. La dernière fois que je l'ai vu, c'était il y a quelques années à Berlin... »

⁂

... lors d'une soirée chez Lou Andreas-Salomé. Malgré son départ précipité, Rilke ne se départit aucunement de ses relations à Worpswede. La boulangerie faisant office de bureau de poste et l'apprenti boulanger de préposé au courrier, le village entier sut bientôt que Clara Westhoff et Paula Becker recevaient régulièrement des lettres de Berlin et en envoyaient tout aussi régulièrement là-bas. Quant à Vogeler et Rilke, ils continuaient d'entretenir une correspondance plus ou moins régulière. Il n'avait plus jamais été question d'un voyage en Russie et Rilke ne fournit aucune autre explication pour sa brusque disparition de Worpswede – du moins pas à Vogeler : même de telles affinités avaient, à l'évidence, leurs limites. Vogeler en tira ses propres conclusions et les garda pour lui.

Fin novembre 1900, il passa quelques jours à Berlin, afin de faire affaire avec divers éditeurs, imprimeurs et marchands d'art. Il annonça aussi sa visite à Rilke, qui avait entre-temps déménagé, mais habitait toujours à proximité de Lou Andreas-Salomé. Rilke, à son tour, parla de la visite prochaine de Vogeler à Lou, qui en profita pour inviter les deux hommes chez elle, ainsi que Gerhart Hauptmann, avec lequel elle était en contact depuis quelque temps.

Vogeler comprenait certes que certains hommes succombent au charme de Lou, d'une beauté exotique, mais pas trop, brillante, pleine d'humour, tout en restant coquette de façon ironique et ludique, mais elle n'était pas *son* genre. Et il en éprouvait du soulagement.

Le mari de Lou, l'orientaliste Friedrich Carl Andreas, avait perdu son titre de professeur après un litige. En tant que chercheur, il n'avait quasiment pas de revenus propres et dépendait des maigres droits d'auteur de son épouse, qui avait seize ans de moins que lui. Leur relation étant platonique, comme chacun savait, tous ceux qui côtoyaient ce couple étrange ne saisissaient pas les raisons de ce mariage. Andreas, disait-on, aurait menacé de se suicider si Lou l'avait éconduit à l'époque. Ils avaient beau se tutoyer, Vogeler ne les voyait pas comme mari et femme, mais plutôt comme des partenaires en affaires polis et prévenants l'un envers l'autre.

À l'opposé, une tension intense circulait entre Rilke et Lou. La gestuelle, toute l'attitude de Rilke exprimaient un dévouement, une soumission qui, avec son regard triste et sa moustache tombante, s'apparentaient à de la servilité, au grand désarroi de Vogeler. Ici, Rilke n'était pas ce génie précoce et adulé, mais juste quelqu'un qui quémandait de l'amour. Lorsque Lou le regardait d'un air tantôt compatissant et prévenant, tantôt glacial, Vogeler sentait que Rilke n'avait plus d'aumône à attendre de cette femme, sur le plan sexuel en tout cas. Impossible de croire qu'il était revenu à Berlin pour une telle froideur. Ou bien était-ce le célèbre amour fou ?

Hauptmann et Vogeler se connaissaient vaguement pour s'être rencontrés une fois chez leur éditeur, pendant que Vogeler supervisait le tirage des illustrations de *La Cloche engloutie*. Contrairement à Carl, son frère aîné, fluet et doté d'un intellect neurasthénique et fébrile, Gerhart Hauptmann avait une stature imposante. Sa tête de Zeus embrasée par une chevelure grisonnante, ses rides profondes sur le front, son visage charnu aux yeux bleu gris lui conféraient le charisme d'une dignité altière qui frisait parfois l'isolement du visionnaire. Les mots tombaient de sa bouche, déchirée par le tracé irrégulier de ses lèvres, tels des fragments taillés dans la pierre d'une sagesse ancestrale ne tolérant aucune contradiction et lestant d'un sens profond les remarques les plus banales, et il soulignait ses paroles par les gestes expressifs d'un chef d'orchestre. Vogeler imagina le portrait qu'il pourrait faire de Hautpmann : le prophète d'un culte féerique, descendant d'une montagne magique. Il lui faudrait cependant renoncer aux bouleaux – ce prophète représentait davantage le chêne allemand.

Rilke, visiblement impressionné, se comportait devant Hauptmann comme un élève de lycée devant son directeur, à la fois zélé, bûcheur et arrogant, mais pas obséquieux, puisque conscient de sa propre valeur. Et, tel un bachelier consciencieux qui se prépare pour son examen, Rilke semblait s'être préparé pour sa rencontre avec Hauptmann. Il parvint à orienter la discussion, qui tournait autour du thème de la Réforme de la vie, sur la comédie de Hauptmann, *Schluck et Jau*, qu'il avait vue sur scène. Deux vagabonds ivres se glissent, pour divertir une cour, dans le rôle d'un prince et de son épouse, réalité et apparences se confondent, les différences de classe disparaissent, les distinctions de genre deviennent floues.

«— Cette sagesse ancestrale, pontifia Rilke, selon laquelle les différences entre les hommes ne reposent que sur l'apparence, l'essence de l'être se révélant à nous lorsque nous sortons un instant du songe de la vie, quelque chose qui réside en chaque individu, qu'il soit prince ou mendiant...

— Excellent, jeune homme, dit Hauptmann en interrompant l'éloge de Rilke, parfait, mon idée de départ se voit ainsi... la façon dont vous interprétez ce qu'en mon for intérieur, je...

Vous allez me dire : l'intuition. Certes... Ou est-ce juste une façon de dire : Une comédie et rien de plus... Affaire réglée. »

Sur quoi il prit son verre de vin rouge et le vida dans sa gorge comme si c'était de l'eau ; il avait déjà consommé une bouteille et demie pendant le repas – à la fin de la soirée, il en était à trois. « Vous-même, jeune homme, dit-il en reposant son verre, vous m'avez été annoncé en tant que poète. Bon... Voulez-vous bien... un extrait, un avant-goût... bref, récitez. »

Rilke, préparé comme il l'était, sortit de la poche de son veston un manuscrit replié. Le texte, expliqua-t-il d'un ton mielleux, était le cadeau inattendu d'une nuit unique, une nuit d'automne, rédigé d'un seul jet à côté de deux bougies vacillant dans le vent nocturne. Le texte était né de la contemplation des nuages défilant devant la lune, la matière proprement dite étant fournie par certains documents de sa noble famille qui lui étaient parvenus par héritage...

« — Trêve de bavardages, jeune homme, dit Hauptmann en mettant un terme à la volubilité de Rilke d'un geste impérieux. *Hic Rhodus, hic...* »

Dans une diction pressante et essoufflée qui passait de la prose aux vers et des vers à la prose, il évoqua le gentilhomme Christoph von Rilke, qui part livrer bataille en tant que cornette dans les guerres ottomanes. Son unité fait halte dans un château où elle est conviée à un banquet qui se transforme en fête orgiaque. Le porte-drapeau finit par se retrouver « nu comme un saint » auprès d'une femme, une comtesse, s'entend. « Il ne demande pas : "Ton époux ?" Elle ne demande pas : "Ton nom ?" Puisqu'ils se sont trouvés pour former ensemble une nouvelle lignée. »

À cet endroit, Rilke leva les yeux de son manuscrit et regarda Andreas, mais le mari de Lou ne broncha pas. Lou, quant à elle, écarquilla les yeux et secoua la tête à titre d'avertissement, pendant que le château s'enflamme et que le cornette, sans arme ni armure, s'élance vers l'ennemi et donc, vers la mort.

Le silence régna un moment. Vogeler avait mille idées d'illustrations. Pourquoi Rilke ne lui avait-il encore jamais montré ce manuscrit ? Voilà qui devrait pourtant marquer l'apogée d'une collaboration entre âmes sœurs. Éditeurs et libraires s'arracheraient l'ouvrage.

Hauptmann brandit son verre vide, Andreas le remplit. « Excellent, jeune homme. Amour, mort et chevalerie. Un brasier général, énorme... Bon et bref, une pièce forte. Hauptmann but comme s'il était desséché. Saintes exigences féminines de la vie envers l'honneur et la virilité. Parfait... Le sacrement de la volupté, la chair, elle est ainsi... si faible, et donc tentée, quand vient la femme... pénétrant, déchirant. Affaire réglée... »

Un sourire de satisfaction luit à travers la mélancolie rilkéenne.

Hauptmann s'adressa ensuite à Vogeler. Son frère Carl lui avait rapporté toutes sortes de « faits marquants » au sujet de la colonie d'artistes de Worpswede. « On entend parler d'art et de poésie, excellent... de musique et de danse les soirs d'été, d'une atmosphère gaie la nuit, d'états d'esprit audacieux. Parfait. Si j'étais disponible... mais n'en parlons plus. Carl m'a également parlé de femmes... talentueuses, pour ainsi dire, de peintresses. Une certaine Pavlova... ? » Hauptmann interrogea Vogeler du regard.

«— Paula? Monsieur votre frère doit sans doute songer à Paula Becker. Un grand talent, en effet, dit Vogeler. Elle passera d'ailleurs quelque temps à Berlin à partir de janvier, parce qu'elle...

— Ah bon? dit Lou en le coupant. Madame Becker vient à Berlin? Intéressant.» Elle adressa à Rilke un regard sévère, entre interrogation et blâme. Voire boudeur?

Rilke évita ce regard et fixa d'un air buté les taches de vin rouge sur la nappe. Comme les traces d'un cœur qui saigne, pensa Vogeler.

«— Je n'étais pas au courant, ajouta Lou avec malveillance.

— Oui, dit Rilke d'une petite voix. Je, c'est-à-dire que non...

— Parfait...» Hauptmann brandit sa montre gousset et se leva en titubant. «Tout va bien, mesdames et messieurs. Voulez-vous envisager... un fiacre. Affaire réglée...»

⁂

Son Altesse royale
le grand-duc Frédéric-Auguste,
prince héritier de Norvège, Duc de Schleswig, Holstein,
Stormarn, Dithmarse et Oldenbourg,
prince de Lübeck et de Birkenfeld,
seigneur de Jever et de Kniphausen,
a l'honneur,
à l'occasion de l'inauguration officielle
de l'exposition artisanale et industrielle du Land,
placée sous le protectorat de S.A.R.,

OLDENBOURG

en lien avec
l'exposition d'art d'Allemagne du Nord-Ouest,
le vendredi 9 juin 1905,
de convier monsieur le peintre Heinrich Vogeler,
de Worpswede,
à un banquet méridien dans la Grande Salle à manger,
ainsi qu'à une réception suivie d'un souper
au château grand-ducal.

R.s.v.p.

Francksen sourit lorsque Vogeler sort de sa poche le carton d'invitation imprimé sur du papier marbré. « Mais *vous*, vous n'aurez pas besoin de le présenter, dit Francksen. Il faut dire que vous êtes incroyablement populaire ici, dans les milieux artistiques en tout cas, et la médaille d'or de ce soir ne fera qu'accroître votre célébrité. En outre, l'accès à l'exposition est réservé aux invités aujourd'hui, la population ne viendra que demain. »

En grande pompe, comme si on se rendait à la cour ou à l'opéra, noblesse et hauts milieux de la finance, officiers et vétérans, grande bourgeoisie et bourgeoisie cultivée franchissent le portail qui se dresse telle une porte de ville médiévale avec ses tourelles, ses fanions, son crénelage et ses arcs en plein cintre. Francksen et Roselius placent Vogeler entre eux, tel un otage ou leur pupille, pour éviter qu'un amateur d'art encore plus fortuné ne l'enlève. Où qu'ils aillent, tout le monde lève les yeux vers eux, on entend moult murmures. Les hommes sont impressionnés par ces mécènes semblables à Midas et Crésus ressuscités, la gent féminine rêve de fêtes somptueuses dans l'atelier et d'amour romantique à la vue de ce peintre en costume d'artiste.

Vogeler et son escorte sont salués personnellement par l'inspecteur des superstructures d'Oldenbourg, qui insiste pour présenter aux illustres invités le domaine, délimité par un petit bois et deux étangs bordés de prairies. Près de quarante pavillons, certains petits comme des stands de foire ou des kiosques, d'autres vastes comme des cours de ferme, accueillent plus de sept cents exposants d'une région qui s'étend d'Emden à Hambourg et de l'île de Wangerooge au lac Dümmer. Elle expose avec fierté et assurance ses produits et services qui vont de la verrerie à la fumerie d'anguille, de la manufacture de cigares à la scierie à vapeur, de la torréfaction à l'usine chimique, du fabricant de vélos et de voitures à la manufacture de pianos droits et à queue, de la boucherie du Land à la production de câbles sous-marins, du transformateur à la dynamo, de l'entreprise de mise en conserves à la compagnie portugaise de paquebots d'Oldenbourg. On est à la fois traditionaliste et moderne, attaché au pays et progressiste. La plupart des édifices sont fidèles au style rural de Basse-Saxe, colombages à pignons et toits en saillie.

« L'ensemble se veut sérieux et accueillant, issu du terroir, explique l'inspecteur des superstructures. Notre force tire son origine de la patrie, de l'appartenance tribale au littoral de Basse-Saxe et de Frise. »

Des pelouses avec des parterres de fleurs s'étendent, des jets d'eau jaillissent, des fontaines gargouillent. Des restaurants, cafés, un pavillon à thé et des débits de vin et de bière invitent à la détente et au rafraîchissement. Au bord des étangs de Dobben se trouve un parc d'attractions avec toboggan à eau, manèges et grande roue.

« — La plus grande attraction est encore à venir. » L'inspecteur des superstructures désigne une zone de pelouse vide entre la fabrique de linoléum et la distillerie de grains. « Le village original des Abyssiniens. Cette exposition coloniale présentera les membres d'une communauté villageoise du Somaliland, chef de tribu compris. Nous avons déjà vu des photos. Ce sont des gens grands, beaux et forts au teint marron foncé. Le groupe apporte tout ce dont il a besoin, même leurs cases. Ils exposeront et vendront dans un bazar la production correspondant à leurs compétences, sculptures sur bois, tissus, pots en terre cuite, ce genre de choses.

— Voyez-vous cela. Roselius ricane. Nos parents natifs de la Frise du sud auront donc eux aussi leur place au soleil. Mais ils sont où, au fait ? »

L'inspecteur des superstructures toussote, piqué au vif. « Le paquebot a quelques jours de retard. Nous estimons que la tribu d'indigènes arrivera après-demain à Bremerhaven. »

Vogeler est taciturne. Il lui déplaît de voir que l'exposition se donne l'apparence d'un village propret à l'ancienne, tout en dissimulant derrière ses décors de façade le monde ultramoderne de la machine à l'orée du vingtième siècle, comme s'il s'agissait d'un enfant mal formé qu'il ne faut pas montrer. La forme doit servir la fonction – c'est la devise de Vogeler, or il l'enfreint lui-même trop souvent au profit du succès et en toute connaissance de cause. Il a peur de ce *Concert*, devant lequel il va se retrouver dans un instant, et il devra prétendre que le tableau correspond toujours à ses convictions.

La Kunsthalle, située au centre de l'exposition, n'a heureusement pas été dessinée par des ingénieurs natifs, mais par Peter Behrens, le directeur de l'école des arts décoratifs de Düsseldorf, et cette architecture parle à Vogeler. Devant le décor vert de la forêt s'élève la Kunsthalle, un édifice en crépi gris avec un toit rouge en tuiles creuses, sur une terrasse construite en paliers à cause de l'inclinaison du parvis. Au centre de cette avant-cour se trouve la simple structure à coupole d'un kiosque à musique. La place est bordée par des allées de treilles blanches verdies par une végétation grimpante ; elles prolongent la claire symétrie des bâtiments dans la nature environnante. On a placé devant cet arrière-plan de grandes sculptures qui dépasseraient le cadre des espaces intérieurs.

Dans la Kunsthalle, huit salles à fenêtre haute sont regroupées autour d'un hall central et, à l'arrière du bâtiment, les portes vitrées d'une bibliothèque conduisent dans le parc des sculptures. L'ensemble dégage une élégance d'autant plus convaincante qu'elle est discrète et qui, excepté quelques lignes géométriques, renonce au moindre ornement, enjolivement, à la moindre décoration pittoresque. L'édifice est beau, juge Vogeler, parce qu'il est simple et que chaque détail remplit sa fonction.

Si les salles consacrées à l'industrie dissimulent la fonctionnalité de leurs produits derrière leurs façades rurales, c'est l'inverse dans la Kunsthalle : dans la simplicité sans scories de l'édifice, où se rencontrent la clarté antique et la sobriété moderne, sont exposées les peintures et sculptures de contemporains qui semblent presque tous provenir d'une époque révolue. Tous les peintres de Worpswede, avec leurs paysages aimables et mélancoliques, leurs scènes de genre champêtres, sont représentés – sauf Paula Modersohn-Becker, dont la singularité a fait les frais de l'étroitesse d'esprit d'un jury masculin issu du terroir. Clara Rilke-Westhoff, pour sa part, n'a réussi à franchir l'obstacle qu'en présentant son buste en bronze d'Heinrich Vogeler.

Car l'étoile fixe et lumineuse de cette exposition, c'est lui, le chanceux et l'enfant chéri du milieu artistique. Aucune de ses expositions n'a été aussi brillante et exhaustive que celle-ci. Pour ses œuvres plus anciennes, quelques-unes issues de collections privées, d'autres de musées, ses peintures, estampes, dessins, gravures, vignettes et les meubles qu'il a dessinés, Vogeler a eu droit à une salle à part. Une précieuse commode, avec des sculptures dorées sur bois et de délicates incrustations de roses, recèle des échantillons de son artisanat, boîtes et coupelles pour les coiffeuses de la manufacture de Meissen, couverts en argent et miroirs, un col en dentelle d'une richesse féerique avec des motifs d'oiseau, un coffret en peau de porc blanche recouverte d'une dorure faite main, une série de bijoux, celui-ci plaqué argent, celui-là en ivoire, ici une touche aussi légère qu'une plume de paon et là, la grâce d'une demoiselle du Moyen Âge, et cela n'en finit pas. Quant à la bibliothèque attenante, elle abrite bien entendu ses meubles, ainsi que tous les livres, revues et cartons illustrés par lui.

Y a-t-il d'ailleurs quoi que ce soit qu'il n'ait pas encore conçu, décoré, travaillé ? Il regarde à travers la porte vitrée les cimes vertes du petit bois qui dominent le village Potemkine de l'exposition et, plus haut, le ciel de juin inexplicablement dégagé et immuable…

« — En effet, dit Francksen, admiratif, voire un tantinet jaloux, c'est énorme. Monumental. »

Évidemment. Le tableau ! La toile mesure 310 x 175 cm. Vogeler ne daigne pas la regarder. Il la connaît dans les moindres détails, jusqu'à la dernière feuille de buis. La forêt derrière lui, le ciel là-haut ne sont-ils pas plus vivants ? Que reste-t-il d'un artiste, une fois qu'il a accompli son travail ?

Un tas de bonnes raisons et d'excuses pour ne pas avoir fait mieux.

«— Et ce cadre ! Un édicule. » Francksen sait de quoi il parle, du moins quand il s'agit de l'Antiquité. « Un chef d'œuvre. »

Francksen penserait-il uniquement au cadre, réalisé par un ébéniste selon les esquisses et les directives de Vogeler ? Le fait est qu'on n'a encore jamais vu un cadre pareil. Une architrave ornée de guirlandes et un fronton plat couronnent le tableau et forcent presque le regard à entrer dans un temple antique, où le tableau se détache avec majesté au-dessus d'un piédestal de style classique. Le tableau est entouré de chaque côté par deux pilastres doubles, entre lesquels apparaissent en grisaille le poète Anacréon, sous forme de nu à gauche, et la poétesse Sappho à droite, décemment vêtue d'un drapé complexe. Les deux personnages encadrent ainsi le cadre, soulignant le motif du groupe encadré. L'ensemble recouvre presque un pan entier de mur derrière la salle consacrée à Vogeler.

«— Co-los-sal ! » Roselius recule de quelques pas, croise les bras devant la poitrine et incline la tête en arrière. Il contemple le tableau. Acquiesce d'un air satisfait. *Son* tableau. Il a eu du flair. Acheté sur pied. Une bonne affaire. Ludwig Roselius, consul général et négociant en gros, inspecte son bien.

Mais le cadre, songe soudain Vogeler, le cadre m'appartient. Roselius le voit aujourd'hui pour la première fois, il ne l'a pas acheté.

«— Délicat et lyrique, clame Roselius d'un ton péremptoire, charmant, gai, un plaisir qui incite au recueillement.

Vous vous êtes surpassé, maître Vogeler. Tout simplement colossal… »

Comment, se demande Vogeler, peut-on si mal interpréter un tableau ? Tous y voient, non pas la tristesse, mais l'idylle, le monde intact, et non sa perte, parce que tous sont résolus à cacher la réalité derrière les belles apparences. Et s'il sommait Roselius de lui revendre son tableau ? Et si Roselius lui demande pourquoi, il lui répondra : pour le détruire. Ce serait courageux, une démonstration de sincérité et d'indépendance artistiques. Mais Vogeler n'est pas courageux et ce n'est pas non plus le bon moment, pas devant tous ces gens, pas en présence de Francksen, qui lui laisse entrevoir des commandes lucratives. Mais le moment viendra tôt ou tard.

« — Un tableau de groupe, juge Francksen, mais ce n'est pas significatif en soi. Il se compose de plusieurs groupes qui forment un tout. Comment vous est venue l'idée, si je puis vous poser la question ? »

Francksen, Vogeler doit le concéder, sait visiblement interpréter un tableau. Une vingtaine de personnes sont maintenant réunies devant la toile, tendent l'oreille et attendent la réponse du maître, telle une révélation.

Quelle est l'origine d'un projet pareil ? Qu'est-ce qui enflamme l'inspiration ? Vogeler examine son tableau à contrecœur, fronce les sourcils. Des cercles et des anneaux palpitent et se dilatent au bord de son champ visuel. Peut-être n'y a-t-il pas de début, mais une quantité innombrable de fins, dénouées, qu'on attache ensemble quand on se met à l'ouvrage. L'air marin lui ferait sans doute du bien. Ne la reconnaît-il donc plus ? Sa propre œuvre ? Comment tout cela a-t-il commencé ?

Quand ? Et où ? Ce soir d'été au Barkenhoff il y a cinq ans ? Dans le salon de la signora Aretino il y a sept ans ? Mais il devait y avoir autre chose avant, un tableau quelconque auquel lui a fait penser Rilke, encadré par deux comtesses douteuses. Un tableau de groupe. À Florence. La musique y jouait un rôle. Un concert, une idylle à la campagne. Mais oui, un concert ! Maintenant, il s'en souvient. Enfin...

« — Le Titien, dit-il avec soulagement, comme si sa poitrine était libérée d'un poids. *Le Concert champêtre*. Il se trouve à Florence.

— Ah oui, bien sûr. » Francksen regarde le tableau, puis Vogeler et de nouveau le tableau. « Je l'ai vu, moi aussi. On l'attribuait autrefois à Giorgione. *Il Concerto campestre*. Deux messieurs sont assis dans l'herbe dans un paysage idyllique. L'un d'eux joue du luth. L'autre..., Francksen regarde à nouveau Vogeler, je ne me rappelle plus ce que fait l'autre homme.

— Rien, dit Vogeler. Il se contente de regarder le joueur de luth. Ils ne parlent pas, leur échange se fait par le biais de la musique. J'ai toujours pensé que le deuxième homme était un poète, celui qui trouve les mots pour les airs composés par le musicien. »

Francksen acquiesce. « Bien possible. Auquel cas les dames nues, entre lesquelles sont assis les deux hommes, seraient...

— Tiens ! tiens ! dit Roselius.

— Ce ne seraient donc pas des nymphes, mais des muses. » À l'évidence, Francksen est tout à fait dans son élément. « La belle avec la flûte serait Euterpe et celle qui tient la carafe,

Calliope ou peut-être Thalie, la muse de la poésie bucolique. Il n'existe pas, en effet, de muse pour les arts plastiques.»

Vogeler acquiesce. Il a toujours aimé l'idée que les artistes n'avaient pas de muse à eux dans l'Antiquité parce qu'ils étaient considérés comme des artisans et, au fond, c'est ainsi qu'il se voit lui-même. August Freitäger, le vieux charpentier, l'a formulé un jour dans son style inimitable: «Artistes, connais pas. C'que j'connais, c'est des gens qui font bien leur boulot».

«— Le Titien songeait peut-être à une allégorie de la poésie et de la musique, qui...

— Bon, Theo, arrête un peu avec ta culture classique. Sur la toile de Vogeler, en tout cas, je ne vois pas de dames nues. Ni de poète. Bien que..., Roselius se gratte l'arrière de la tête d'un air songeur, bien que j'aie vu des versions antérieures où Rilke apparaissait encore, assis entre ces..., euh, ces dames, ces femmes peintres.»

⁂

«— Il y a deux catégories de femmes peintres: les unes veulent se marier, et les autres n'ont aucun talent non plus.»

Des plaisanteries de ce style circulaient au sujet des jeunes filles et jeunes femmes qui prenaient des cours de dessin et de peinture dans des écoles d'art privées, comme celles de Müller vom Siel et d'Auguste Rodin, ou auprès d'artistes connus tels que Fritz Mackensen, parce que les académies publiques des beaux-arts n'acceptaient toujours pas les femmes. Les «peintresses» et leurs familles devaient donc se résigner à entendre ces remarques fielleuses.

Les parents de Paula Becker, selon ses dires, avaient toujours supporté avec dignité les railleries parce qu'ils croyaient au talent de leur fille, même si le succès se faisait attendre. Ses parents, poursuivit Paula, toléraient même qu'elle se fiance à Otto Modersohn, alors que sa femme était à peine enterrée. Mais ils n'auraient pas toléré que Paula épouse son artiste veuf sans savoir comment tenir correctement une maison bourgeoise. Ils insistèrent donc pour que Paula fréquente pendant quelques semaines, à partir de janvier 1901, une école privée de cuisine et d'enseignement ménager destinée aux jeunes filles de bonne famille. Ce type d'établissements existait dans presque chaque grande ville, y compris à Brême, mais Paula insista pour aller à Berlin. Elle dit qu'elle connaissait bien la ville, où elle avait jadis vécu plusieurs mois et pris des cours à l'Association des artistes berlinoises de 1867. *Voilà* la raison, la seule et unique, qui lui avait fait choisir Berlin.

Mais pourquoi pas Brême, au juste ? Ou Hambourg ? N'y apprenait-on pas tout aussi bien à préparer les roulades de bœuf et le rôti de porc, les pommes de terre en robe des champs et les choux de Bruxelles ? Serait-ce pour reconsidérer sa décision hâtive d'épouser Otto Modersohn ? Et Rilke, dans tout ça ? Était-il finalement parti en Russie ? Non, et pour quelle raison ? Vogeler n'avait-il pas été témoin de la période glaciaire qui régnait entre Rilke et Lou, son amour fou ? N'y avait-il pas eu, ces derniers temps, quantité de lettres échangées entre Paula et Rilke ? Et cette chambre qu'elle louait dans la Eisenacher Straße, à quelle distance pouvait-elle bien se situer de l'appartement de Rilke à Berlin ?

À Worpswede, certains se posaient ce genre de questions. Et il y en avait une que ces questions rendaient malade – malade de jalousie. Clara Westhoff fit donc ses bagages pour rejoindre son âme sœur, sa très chère amie. Elle voulait, selon ses dires, lui tenir compagnie à Berlin. Comme Paula l'écrivit depuis Berlin à son cher Heinrich Vogeler, elle l'accompagna, à toutes sortes d'expositions, par exemple la galerie Keller & Reiner, dans laquelle on avait aménagé une salle Vogeler, ravissante, des couronnes vertes et des candélabres aux murs, un miroir en argent avec un paon, les chaises et les bancs de Worpswede, les draperies à la Heymel, et cætera, et cætera. Au fait, soit dit en passant, Rilke était là aussi, Paula lui rendait visite chez lui, en compagnie de Clara, s'entend. Mais, comme Martha le dit à Heinrich, on pouvait deviner entre les lignes que Clara et Rilke s'étaient également vus sans Paula. Le ménage à trois de septembre dernier était-il en train de repartir, se demandait-on à Worpswede, celui qui suscitait encore des commentaires sans fin et faisait courir la rumeur et l'imagination ?

Mais les ragots et potins du bouche à oreille furent rattrapés par une réalité qui fit l'effet d'un coup de tonnerre dans un ciel bleu pour tout le monde, y compris les trois côtés de ce triangle nullement isocèle. Vogeler avait fini par épouser sa Martha, ils étaient à Amsterdam et Bruges en voyage de noces, lorsque Clara réapparut soudain à Westerwede. Rilke la suivit un mois plus tard. Ensemble, ils rendirent visite aux parents Westhoff à Brême, où Rilke demanda la main de Clara. Ils se marièrent le 28 avril 1901 à la va vite, en toute discrétion et dans le strict cercle familial. Aucun des amis de Worpswede ne fut invité. Les jeunes tourtereaux passèrent leur lune de miel dans un sanatorium, comme par hasard. N'allait-on pas un peu vite en besogne ? Murmures, messes basses. Pourquoi cette précipitation nerveuse et malsaine ? Voilà pourquoi : le 12 décembre, Clara Rilke-Westhoff mit au monde une fille – Ruth. De toute évidence, Berlin avait valu le déplacement. Le coup de tonnerre dans un ciel bleu. On savait encore compter jusqu'à neuf...

Et Paula ? Elle rentra de Berlin deux jours après le mariage de son âme sœur Clara. Elle avait une mine sombre et consternée. Elle confia à Vogeler qu'elle était infiniment triste, que son énergie et son courage s'étaient évaporés car elle avait le sentiment irréfutable d'avoir perdu pour toujours deux êtres qu'elle aimait.

Vogeler retravailla son tableau. Pour séparer clairement Paula de Rilke, il plaça Agnes Wulff, l'amie de Martha, entre les deux. Agnes avait parfois posé pour lui, et même nue sous les traits d'une nymphe mutine. Il transforma ensuite le sourire de Paula en résignation silencieuse. Il recula de quelques pas et se demanda soudain si Rilke, dont la présence avait inspiré la toile, y avait encore sa place.

Un mois après le mariage de Clara avec Rilke, Paula épousa Otto Modersohn. Il n'y avait là aucune urgence. Ce n'est que six ans plus tard que Paula allait avoir une fille, elle aussi, mais elle paierait la vie de l'enfant avec la sienne.

⁂

Plus de trois cents invités sont conviés au banquet méridien dans la Grande Salle à manger, le sexe fort en imposante tenue de gala ou en habit avec plastron amidonné et col rigide, la gent féminine dans une profusion de soie, velours et dentelle, de brillants éclatants et d'étincelants diamants et de chapeaux originaux qui s'étalent en largeur et en hauteur.

Vogeler, affublé de son élégante marque de fabrique Biedermeier qui, dans ce contexte, paraît presque discrète et attire donc d'autant plus les regards, est placé à la table d'honneur du grand-duc. Il ne recevra certes que ce soir au château la médaille d'or des mains de la grande-duchesse, mais tout le monde sait déjà qu'il est l'élu. À tout seigneur tout honneur. Parmi les artistes, seul Bernhard Winter est assis à sa table, ce qu'il doit à sa position privilégiée de peintre de la cour. Le professeur Behrens, architecte de Düsseldorf, et le professeur Dursthoff, conseiller juridique de la chambre de commerce et d'industrie, représentent l'élément bourgeois à table. À part cela, Vogeler se voit entouré de la noblesse moyenne et supérieure, de diplomates et d'envoyés accrédités à la cour d'Oldenbourg, et de militaires. Il ne se sent pas particulièrement à l'aise, et encore moins entre pairs, dans cette assemblée, même si c'est flatteur, et il note avec un petit sourire de satisfaction que Roselius et Francksen sont placés à la table voisine et l'observent depuis la deuxième rangée.

«— Votre réputation vous précède comme l'écho du tonnerre, maître Vogeler» dit le grand-duc d'une voix majestueusement tamisée.

Vogeler s'incline en silence. Que répondre à cela? Que sa réputation ne le précède pas, mais le suit telle une ombre oppressante? Et que ses mécènes profitent de sa réputation et de sa célébrité pour se remplir les poches?

«— Il faut que vous sachiez, dit Son Altesse royale pour informer aimablement la tablée, que monsieur Vogeler est un véritable touche à tout, il est partout à la fois dans le domaine de l'art. Il n'y a visiblement rien qu'il ne sache faire. Un vrai Midas de la beauté, et pourtant si jeune encore...»

Le grand-duc est bien intentionné, mais ses compliments atteignent Vogeler comme des flèches empoisonnées. Ses intérêts sont multiples et il sait faire beaucoup de choses, c'est vrai, mais ses compétences variées sont aussi une malédiction, une dispersion, un gaspillage de possibilités. Sa polyvalence se retourne contre lui. De quoi suis-je réellement capable ?, se demande-t-il de plus en plus souvent. Où se trouve mon véritable talent ? Où réside la profondeur, comme dirait Rilke ? La célébrité et le succès sont arrivés tôt, trop tôt peut-être. Il a poussé trop vite vers la lumière, tels ces jeunes arbres qui ne forment plus de cime. Maintenant, du haut de ses trente-trois ans, il a pour la première fois de sa vie l'impression de vieillir, et pas seulement à cause de son problème oculaire. Tout, se dit-il, va devoir changer. Il doit tout laisser derrière lui, il doit abattre les murs, haies et clôtures derrière lesquels il s'est retranché pour avoir la paix, car cette paix est gâtée. Le monde est vaste, sa vie étroite et emmurée. Il doit réorganiser sa vie, recommencer depuis le début. Tout va devoir changer.

« ... et musicien, par-dessus le marché. Il joue de la guitare et même du violoncelle. Cela se voit sur le tableau, même s'il se cache un peu. Pourquoi tant de modestie, maître Vogeler ? Votre toile, c'est une sacrée affaire, si, si, c'est vrai. Une idylle monumentale... »

⁂

L'idylle du couple d'artistes sans le sou, mais heureux, qui construit son modeste nid dans la maisonnette de Westerwede, attend avec joie la naissance de l'enfant et s'inspire mutuellement pour créer de grandes œuvres, semblait tout à fait convenir à Rilke au début – à tel point qu'il demanda à Vogeler de faire le portrait de Clara. Rilke qui, comme chacun sait, était issu d'une ancienne lignée de la noblesse de Carinthie et ne disposait d'aucun portrait de famille en raison de circonstances fâcheuses, jugeait en effet de son devoir de conserver pour ses futurs enfants et petits-enfants l'image de son épouse dans sa beauté première, avant que la beauté secondaire de la maternité n'exige son tribut.

Vogeler refusa néanmoins la proposition car il devait terminer un flot de commandes, parmi lesquelles toutes sortes d'affiches et de réclames très bien payées, comme les images à collectionner pour le chocolat Stollwerck, et il devait aussi faire avancer l'agrandissement du Barkenhoff. Il conseilla à Rilke de s'adresser à Oskar Zwintscher, un peintre inspiré par les maîtres anciens, tels que Cranach ou Holbein. S'il venait, Vogeler inviterait son collègue à séjourner au Barkenhoff, la chaumière de Rilke étant trop exiguë.

Zwintscher vint. Mais il ne vint qu'en mars, Ruth était déjà née et la beauté première de Clara s'était donc dissipée, si bien que Zwintscher ne put la fixer pour la postérité que dans sa beauté secondaire. Le regard sceptique et déjà un rien résigné tourné en demi-profil vers le spectateur, Clara est assise avec assurance, voire majesté, les mains jointes, sur une chaise en acajou à hauts barreaux; un lourd médaillon en argent suspendu à une chaîne pend sur sa poitrine. Le portrait dégage une impression d'élégance, de calme et de dignité.

Ce que Rilke avait défini comme la beauté secondaire impressionna tous ceux qui virent le tableau – seul Rilke le jugeait raté. Sans doute craignait-il cette beauté secondaire, à laquelle le regard pénétrant de Zwintscher avait ajouté les traces discrètes de la vie réelle. Rilke rêvait de femmes qui n'existaient que dans ses poèmes, de créatures imaginaires éthérées qui n'étaient pas en chair et en os. Les femmes le gênaient dès qu'il sortait du songe, se confrontait aux exigences du jour et que la réalité reprenait ses droits. La vie était une vile folie, le rêve était la réalité, rendue manifeste par les mots du poète et l'art. Rilke s'enflammait facilement, il était capable de ressentir des sentiments pour autrui, sans aucun doute, mais ces personnes lui importaient moins que les mots qu'elles suscitaient en lui, que l'épanchement de ses sensations sur le papier. Les couleurs de l'imagination étaient plus faciles à appliquer que la craie ou la peinture à l'huile.

Lorsque Vogeler repensa par la suite à l'épisode avec Zwintscher, il voyait toujours les barreaux de la chaise. C'était comme si Clara était assise devant la porte grillagée de la sinistre prison qu'était devenu son mariage avec Rilke.

Zwintscher fit également le portrait de Rilke. En tant que jeune père, il n'avait pas été épargné non plus par le passage à la beauté secondaire. Son grand col de chemise blanc sur un gilet sombre le fait ressembler à un missionnaire, dont les yeux légèrement exorbités fixent, presque avec fanatisme, l'horizon. Nombre de gens trouvèrent le tableau très fidèle. Rilke était horrifié.

Au moment où Zwintscher s'apprêtait à repartir, Rilke lui demanda de renoncer pour le moment aux honoraires convenus. Il paierait dès que sa situation financière s'améliorerait. Or Vogeler, qui avait offert l'hospitalité à Zwintscher, vit dans sa façon de faire un affront gênant envers son hôte et collègue. C'est pourquoi il demanda à Zwintscher de le peindre, lui aussi, et il lui acheta le tableau à un prix qui couvrait celui des portraits du couple Rilke. Ce noble geste ne lui valut pas un mot de remerciement de la part du très noble Rilke. Au contraire, il semblait juger Vogeler responsable de ce que Zwintscher, dans son réalisme minutieux, ait peint des choses que Rilke ne voulait surtout pas voir.

Le mariage de Clara et Rilke marqua le début de la fin de ce que Paula nommait la famille de Worpswede. Rilke réussit en peu de temps à métamorphoser l'insouciante joie de vivre de sa femme en un temps éternel de bénédiction, une grâce artificielle de madone et une gravité majestueuse. Cette gravité sombra bientôt dans une tristesse abyssale.

« — Il y a un an, elle folâtrait, installée dans sa cabane paysanne, fit remarquer Otto Modersohn, et maintenant ce n'est plus qu'un oiseau triste auquel on a rogné les ailes. »

L'enfant arriva et, avec lui, une mystification accrue de tous les événements. Il s'ensuivit une rupture avec les amis, avec lesquels on était encore très unis deux ans plus tôt, lors de concerts champêtres durant les soirées d'été au Barkenhoff. Paula déplora la tactique de Rilke qui consistait à lier les gens à lui, tout en les isolant des autres, elle se plaignit de la rupture grandissante entre elle et Clara, de ce que son amie parlait comme Rilke et demanda si le prix du mariage était de devenir une copie de l'autre. L'amour n'avait-il pas de multiples formes ? L'amour était-il radin ? Devait-il tout donner à l'un et tout prendre aux autres ?

Les questions avaient beau s'adresser à Clara, Paula reçut par courrier une réponse de Rilke. Blessée, au bord des larmes et pleine de rage, elle lut la lettre à Vogeler.

« — Cela vous étonne-t-il, écrivait Rilke, que les priorités se soient déplacées et votre amour et votre amitié sont-ils méfiants au point de vouloir sans cesse voir et saisir ce qu'ils possèdent ? Pourquoi ne pas vous réjouir de cette nouvelle phase qui commencera le jour où la nouvelle solitude de Clara Westhoff ouvrira les portes pour vous accueillir ? »

Paula fit une pause, but une gorgée d'eau. « C'est quand même inouï, dit-elle. Ou simplement insensé. Tout doit-il être investi d'une mission supérieure ? L'amour et l'art sont-ils forcément une religion ? Qu'est-ce que vous en dites, cher Vogeler ? Dites quelque chose, vous aussi... »

Vogeler, désemparé, haussa les épaules. Que répondre à cela ?

L'idylle de Westerwede ne dura qu'un an. Après quoi resurgit l'envie obsessionnelle de Rilke de voyager, ce déracinement intérieur et scintillant comme un feu follet, qui ne connaissait ni temps de repos, ni lien affectif. Son *Livre d'heures*, dont il ne confia pas l'illustration à Vogeler parce qu'il avait désormais choisi un autre chemin, plus solennel, que son ancien compagnon de route et qu'il avait dénoncé depuis longtemps la parenté avec son âme sœur, contenait une épitaphe à la mémoire des années de Worpswede.

La dernière maison du village est perdue,
telle la dernière maison du monde.
La rue, que le petit village n'a pas retenue,
se prolonge lentement dans la nuit profonde.
Le petit village n'est qu'une transition
entre deux étendues, soucieux et chagrin,
un chemin longeant les maisons, non un ponton.
Ils marchent longtemps, ceux qui s'en vont,
et beaucoup meurent sans doute en chemin.

Les affaires du ménage furent vendues aux enchères ; quelques livres, tableaux et meubles trouvèrent refuge au Barkenhoff. Rilke, papillon fragile et instable, voltigeait désormais d'un endroit à un autre, sillonnait l'Europe dans une trajectoire désordonnée. D'abord Paris, chez le vénéré Rodin, puis Rome, Copenhague, un château en Italie et un château fort au Danemark, Munich, Venise, le domaine de la comtesse A., de nouveau Rodin, la maison de campagne de la comtesse B., Florence, Naples... à peine la dizaine de valises et de caisses étaient-elles déballées qu'il repartait, après une brève visite à l'enfant à Oberneuland, direction Milan, puis à nouveau Paris, Düsseldorf, Copenhague.

Dans l'intervalle, comme pour se reposer de ses courses folles, il faisait des séjours plus ou moins longs à Worpswede, où Vogeler, pas rancunier pour un sou, lui accordait inlassablement l'hospitalité et lui faisait discrètement crédit à l'occasion. Quant à savoir comment Rilke, qui n'avait même pas pu régler les honoraires d'Oskar Zwintscher, finançait cette coûteuse vie itinérante, c'était une énigme. Hôtels, pensions, restaurants, fiacres, trajets en train – tout cela n'était pas gratuit.

Selon Martha, Paula avait émis l'hypothèse en cachette que Rilke voyageait parfois sans Clara précisément pour cette raison, des voyages qui le conduisaient sur les domaines et les châteaux de la noblesse, où des bienfaitrices favorables à la poésie le prenaient sous leur aile et le dépannaient financièrement...

Mais, la plupart du temps, Clara l'accompagnait. Pour pouvoir suivre son vagabondage fébrile, elle dut néanmoins sacrifier l'essentiel sur l'autel de Rilke : Ruth. L'enfant fut renvoyée chez ses grands-parents à Oberneuland, où Clara lui rendait visite, ainsi que Rilke pour Noël.

Lorsqu'il fit une brève apparition au Barkenhoff pour le nouvel An, les Vogeler lui demandèrent des nouvelles de Ruth.

«— Faire l'expérience de Noël, dit Rilke, entendre les cloches, le silence et l'enfance, fut difficile. Il ne me fut pas possible d'assister à la chère présence de mon enfant. J'étais désemparé et distrait lorsque sa petite voix s'adressait à moi et que ses yeux souriaient timidement. Je n'étais pas prêt pour l'enfant. Ah, chers Vogeler, ne pouvez-vous comprendre cela? Cette vieille inimitié entre la vie et le travail? J'aimerais me retirer plus profondément dans le monastère de mon for intérieur et me consacrer à mon œuvre. J'aimerais oublier tout le monde, ma femme, mon enfant, toutes les relations et les affinités. Que sont donc mes proches, si ce n'est des invités qui ne veulent pas partir?»

Le lendemain matin, un filet de lumière hivernale froide et claire entrait dans l'atelier. Vogeler effaça Rilke du tableau et rapprocha Modersohn de Paula. La place à côté de Clara resta vide.

⁂

«— Si ces messieurs veulent bien prendre place?»

Une jeune serveuse pimpante, avec coiffe en dentelle et tablier amidonné, conduit Vogeler et Roselius à une table libre. La terrasse du pavillon à thé offre une perspective sur les vertes profondeurs du parc du château, un jardin à l'anglaise. Le soleil d'après-midi dessine les ombres des arbres qui s'étirent lentement sur l'herbe. Les contours des choses papillotent, comme si elles répandaient une aura. Ou est-ce juste un symptôme neurasthénique? Vogeler se frotte les yeux. Les contours regagnent en netteté.

Ils commandent du moka et, la jolie demoiselle leur recommandant la spécialité de la maison, des meringues à la rhubarbe.

Comment se lancer ? Il est facile de dire à Roselius qu'il veut racheter son tableau. Mais si ce dernier lui demande la raison ? Doit-il être sincère ? Doit-il lui dire qu'il veut découper la toile en morceaux et réduire le cadre en miettes ? Puis brûler minutieusement le tout dans la cheminée du Barkenhoff et regarder les flammes consumer ce qui n'était qu'une illusion qui a viré à la peinture à l'huile, voir un idéal se transformer en cendres grises, un rêve éveillé bien trop beau…

« — Ça ne va pas ? » Roselius essuie la rhubarbe au coin de sa bouche et regarde Vogeler d'un air inquiet. Vous êtes blême.

— Si, si, c'est juste que…, je ne sais pas comment vous expliquer, je veux dire…

— Ne vous gênez pas, dit Roselius d'un ton encourageant. Vous avez besoin d'argent ? Combien ? »

Vogeler secoue la tête, prend une grande inspiration, hume le lourd parfum des rosiers anglais grimpants sur les treilles du pavillon. « Au contraire, dit-il, j'aimerais vous acheter quelque chose.

— Et ce serait quoi ? Roselius hausse les sourcils d'un air légèrement moqueur et boit une gorgée de moka.

— Mon tableau. *Le concert*. Ou bien *Soir d'été*. Le titre n'a aucune importance. »

Roselius repose si brusquement sa tasse de moka sur sa soucoupe qu'elle produit un cliquetis. «Vous voulez me le racheter? Mais, mon cher Heinrich Vogeler, pour l'amour du ciel, pourquoi donc?»

S'il lui dit qu'il a l'intention de le détruire, il ne l'obtiendra jamais. «Il n'est pas encore fini, dit-il. Il faut encore que je..., je veux dire...

— Si vous voulez le retravailler, allez-y, je n'ai rien contre. Mais cela ne vous oblige pas à le racheter pour autant. Je trouve qu'il est parfait tel quel. Tout le monde le trouve parfait. Il fait sensation. Francksen crève de jalousie de ne pas l'avoir...», Roselius s'interrompt, se gratte l'arrière de la tête et regarde Vogeler avec un sourire malin et méfiant à la fois. «Francksen vous aurait-il fait une meilleure offre? Vous rajoutez quelques coups de pinceau et le tableau lui revient pour un ou deux billets de mille en plus? C'est typique de Theo. Roselius rigole. De toute façon, il faut que je lui parle, je le vois tout à l'heure.

— C'est ridicule. Francksen n'a rien à voir là-dedans. Cela ne concerne que *moi*. Vogeler, si doux d'habitude, hausse le ton. Je veux récupérer mon tableau!

— Invendable, rétorque Roselius, péremptoire. Peut-être se doute-t-il, à cet instant, que Vogeler ne lui dit pas la vérité. Désolé, mon cher. Il sort sa montre gousset et se lève. Je dois y aller. On se revoit tout à l'heure pour la réception au château. Il pose une pièce d'un mark sur la table. Elle étincelle au soleil. Dites à la serveuse de garder la monnaie. Bon, eh bien...» Il lève sa canne avec le pommeau en ivoire, une tête de lion dessinée par Vogeler, et il quitte le pavillon.

Vogeler avait beau s'attendre à une rebuffade, il est furieux. Roselius l'a toujours traité et tenu comme son bichon exotique. Il l'a nourri d'os en or, dans l'espoir que le pelage de ce chien connu comme le loup blanc prenne la couleur de son chenil. Cela ne peut pas continuer ainsi. Il ne peut pas continuer ainsi.

Une promenade le calmera. Il suit un chemin joliment sinueux en poudre de brique rouge qui longe des serres et une jardinerie. Un vieil homme en bleu de travail retourne du compost. L'odeur profonde et pénétrante de l'humus flotte, tel un nuage invisible, au-dessus de la jardinerie. Vogeler s'arrête.

« — *Moin, moin* », dit-il.

Le vieux lève les yeux, s'appuie sur sa fourche. « *Moin* à vous aussi.

— Le compost, faut bien s'en occuper, c'est-y pas vrai ?

— C'est ben vrai. Le vieux acquiesce.

— Alors y'a plus qu'à », dit Vogeler, tandis que le vieux pique sa fourche dans le tas.

L'odeur d'humus suit Vogeler encore un moment. Qu'est-ce qui donne à cette matière sombre sa fertilité qui crée une abondance inépuisable d'êtres vivants ? Le tas, dans lequel le jardinier pique sa fourche, est un lieu de mort, mais pas un cimetière. Tout ce qui vit ne demeure qu'un temps limité sous forme visible. Les rhododendrons sont presque défleuris, la splendeur des roses va faner. Les feuilles, qui constituent l'ornement artistique d'une fleur, se détachent et tombent. La pluie d'automne réduira à néant le feu d'artifice des reines-marguerites et les derniers chrysanthèmes se consumeront dans l'étreinte glaciale d'une nuit de gel. Mais la déchéance signifie le renouveau permanent, elle se transforme pour former une vie nouvelle, de nouvelles relations, de nouvelles amours. Apparences multicolores et formes fixes se dissipent, mais ne disparaissent pas, elles se décomposent en éléments minuscules qui engendrent des êtres nouveaux. Rien ne se perd. Et même si Vogeler pouvait détruire et brûler son tableau, l'œuvre ne se perdrait pas. Les expériences qu'il a vécues grâce à ce tableau, les expériences avec les gens, les regards, les mots qui sont à l'origine de ce tableau, entraîneraient un renouveau.

Sur un ponton en bois qui enjambe un ruisseau, il appuie ses coudes sur la rambarde, la tête dans les mains, et il contemple son visage dans l'eau marécageuse marron. Le ruisseau coule lentement vers la Hunte, qui conflue avec la Weser, qui absorbe elle-même l'Hamme avant de se jeter dans la mer du Nord à Bremerhaven. Les médecins lui recommandent l'air marin. C'est pourquoi il va embarquer sur un bateau à Bremerhaven. Il le transportera de la mer du Nord à l'Atlantique, de l'Atlantique à la Méditerranée et au canal de Suez, le long de la côte d'Arabie jusqu'à l'océan Indien, et il finira par jeter l'ancre dans le port de Colombo. À cet instant, en regardant la surface du ruisseau qui s'écoule doucement, il prend sa décision. Il va accepter l'offre de la compagnie Lloyd et partir, non en direction du Chili, mais de Ceylan.

Il avance lentement sur le chemin rouge tortueux. Le but n'a aucune importance. Juste partir d'ici, se dit-il, sortir de la cage dorée. Partir d'ici, voilà mon but.

Note de l'auteur

Concert sans poète est une œuvre de fiction. Les sources les plus importantes sont les œuvres de Rainer Maria Rilke, notamment ses journaux et ses lettres, ainsi que les mémoires fragmentaires d'Heinrich Vogeler intitulés *Devenir*. Quant à savoir si ces sources rapportent des faits réels ou relèvent de la stylisation littéraire, la question reste ouverte.

⁂

Je remercie Stefan Meyer (Oldenburgische Landschaft) pour la vérification des passages en dialecte bas-allemand et Gerd Oppermann (Heinrich Vogeler Gesellschaft) pour une indication.

K.M.

CET OUVRAGE EST PUBLIÉ PAR SLATKINE & CIE
LE TEXTE EST COMPOSÉ EN CARACTÈRE SLATKINE,
DESSINÉ PAR MATTHIEU CORTAT À LYON
IL A ÉTÉ ACHEVÉ D'IMPRIMER EN SEPTEMBRE 2016
SUR PAPIER MUNKEN, 80 GRAMMES
ISSU DE LA GESTION DURABLE DES FORÊTS
SUR LES PRESSES DE LA SOURCE D'OR
À CLERMONT-FERRAND
IMPRIMEUR NUMÉRO 18998